まるこの道心寺物語

お寺を建てる！

露（つゆ）の団姫（まるこ）

春秋社

まえがき

「住職になる前に、無職になりそうなんです！」

新型コロナウイルスの影響で公演中止が相次ぐ中、寺院建立のため自宅を担保に莫大なローンを抱えていた私は、いつも寄席の高座で自らの境遇をネタにしてきました。どんなことも笑いに変えて自身の運命に取り込む。それが、落語家という生き方だからです。

はじめまして。私、落語家で天台宗僧侶の露の団姫と申します。現在三十五歳。兵庫県尼崎市でクリスチャンの夫、そして小学一年生の息子と暮らしています。

二つの仕事を持ちながら子育てをする――それだけでも大忙しの毎日ですが、

それでも私がお寺を建てなければいけなかった理由は、一人でも多くの人のお悩みを聞き、その苦を取りのぞく必要があったからです。

といっても、まだまだ人生経験の少ない私は、お悩み相談で有難い教えを説いたり、それらしきアドバイスをできるわけではありません。しかし、その苦しみに「共感」することはできるはずです。なぜなら、私も悩み苦しみ、涙を流してきた一人だからです。

慈悲の「悲」の語源となっている梵語のカルナーは「呻き」の意味を持ちます。人生の痛苦に呻き、嘆いたことのある者のみが、苦しみ悩んでいる者を真実に理解でき、同感して、その苦しみを癒すことができるといいます。その同苦の思いやりを「悲」と呼ぶのだそうで、これは高きから低きへ向かうものではなく、常に同じ高さにあるもの同士のふれ合いを重んずるという特徴を持ちます。

人間関係が希薄になりつつある現代では、楽しい時間を共有する仲間はいても、悲しいこと、苦しいことに付き合ってくれる人はなかなかいません。それは、どれほど寂しいことでしょうか。だからこそ、私がすべきお悩み相談は、「教え」

の前に、まず「共感」だと考えてきました。胸に秘めた思い、行き場の無い苦しみを吐き出して共有する時間は、きっと、悩み苦しむ人たちの明日へと向かう活力になるからです。

私の両親は、子どもにあまり玩具を買い与えない親でした。幼い頃、私の手元にあったのは不揃いのレゴブロックのみ。私はいつもレゴを握りしめながら、テレビCMで流れてくる煌びやかな玩具の数々に憧れていました。それでも、玩具に見向きもしない大人びた姉たちに馬鹿にされるのが怖くて、素直に「玩具が欲しい」と両親に頼めなかったのです。

ある日のこと。CMで自動販売機の玩具を見た瞬間、「これならレゴで同じようなものを作れるかも知れない！」と思いました。早速、作ってみたレゴの手作り自動販売機。それは決して既製品のような見た目や使いやすさではありませんでしたが、創意工夫ができ、常に自分の意図する形や機能へとアップデートできる、魅力あふれる玩具でした。

それからというもの、素敵な玩具をテレビで見かけると、レゴで作ってみるようになったのです。そして、様々な玩具の素材となるレゴをもっと欲しいと思った私は、はじめて両親に「買って」と言うことができました。それは、私にとって確実に必要なものだったからです。

「欲しいものは自分で作る」

「無ければ自分で作ってみる」

正直なところ、玩具を買ってくれない両親をちょっぴり恨んだこともありましたが、レゴしかなかったおかげで、既製品にこだわらない遊び方、その喜びを知りました。

そして、その経験は仕事にも役立ちました。生き方にこそ「既製品」などないのだから、「落語家か僧侶か」と無理やり選択するのではなく、「落語家と僧侶」という二刀流の生き方を自分で作れば良いと思えたのです。

大人になった私が持つ「不揃いなレゴ」は、師匠から授かった「落語」という芸や、精神を支えてくれる「信仰心」、そして、「やる気」や「アイデア」、様々な人たちとの「ご縁」です。それらを組み合わせていけば、きっとお寺を作れると信じてきました。

「こんなお坊さんがいたらいいのに」と欲していた僧侶に自分がなり、「こんなお寺があったらいいな」と探していたお寺を自分で作るのです。


大乗仏教の目的は、「みんなで幸せになる」ことです。その大乗仏教を広めるため、伝教大師最澄様によって開かれた比叡山延暦寺は、これまで多くの人材を輩出し、人々へ仏法の灯を伝えてきました。その祈りは千二百年経った今も色あせることはありません。

「己を忘れて他を利するは慈悲の極みなり」という「忘己利他」を説かれた最澄様。その教えに導かれてきた私は、最澄様のためにお寺を建てるのではありません。天台宗の寺院を増やすためにお寺を建てるのではありません。そして、己の地位や名誉のためにお寺を建てるのではありません。目的はただ一つ。「みんなで幸せになる」ための社会づくりの一部として、お寺を建てるのです。

最澄様が臨終に臨んで弟子たちに説かれた教えは、令和の時代を生きる私自身に説かれた教えでもあります。

我がために仏を作ることなかれ
我がために経を写すことなかれ
我が志を述べよ

伝教大師『御遺誡』

お寺を建てる！　まるこの道心寺物語

目次

お寺を建てる！　まるこの道心寺物語

天台宗
道心寺

第一話

マタニティーブルー

着信アリ

ネット接続など気にも留めないような両親の暮らす家は、私にとって心地良き場所である一方、二、三日滞在するだけでも仕事が滞るような田舎でした。

そんな実家へ賑やかな尼崎の自宅から帰省することに慣れた令和元年の夏。微弱な電波を拾い、珍しくメールを受信することに成功した私のスマホには〝ホームストーリー宮脇さん〟と表示されていました。

ホームストーリーという不動産屋を訪ねたのは、確か三か月ほど前のこと。市内に住むお客様から紹介していただいた不動産屋で、人当たりが良く沢山の資格を持つ宮脇さんは、まさに「街の不動産屋さん」でした。

しかし、期待が募る反面、私は少し冷めた気持ちでもいました。いくら人当たりが良くても、評判の不動産屋でも、「きっとここでも無理だろう」と諦めていたのです。私が今までどれだけ〝その土地〟を探してきたか……。

これまで、「お寺を建てる土地を探しているんです！」と私が言うと、どの不動産屋も本気にしてくれませんでした。その証拠に「では、また良い物件があればすぐに連絡しますね！」とは言うものの、連絡がきたことなど一度も無かったのです。

不動産屋をあてにしていてはいつまでたっても土地は見つからない。自分の足で、耳で、探さねば……と、市内を歩き回り、情報を集める。「土地や家を売りたがっている人がいたらすぐに教えて欲しい」と古くから住む人に頼んでおく……。そんな日々が五、六年続いていました。

だから、まさか、本当に、連絡が来るとは思ってもいなかったのです。いえ、それでも冷静に思い返せば、二、三度は不動産屋から連絡がきたこともありました。でもそれはどれもボッタクリのような高額の土地で、「お寺さんだから、どうせお金は沢山あるんでしょ」という思い込みとともに送られてくるメールでした。落語を生業とし、その収入で宗教活動を行っている私にとっては、「落語で稼いだお金でこんな土地が買えるわけないのに！」と叫びたくなるようなものだったのです。

宮脇さんからのメールを恐る恐る開けると、「有名な割烹料理のお店が売りに出たのですが、お探しの条件にピッタリかなと思い、メールさせて頂きました。もしご興味があれば、ご案内させて頂きます」とありました。メールには添付画像があります。早速、選択ボタンを押すと、そこには未来の道心寺がありました。

割烹「若松」

コンクリートの打ちっぱなしであるにもかかわらず暖かみがあり、和モダンな雰囲気を持つ不思議なデザイン――スマホの画面から飛び出してきそうな存在感の「割烹・若松」は、誇り高き建造物でした。間取りを見ていくと、宮脇さんの言う通り、私が想定していたものにピッタリです。しかし、私はあれだけ探し求めていた「候補地」が現実的になってきたというのに、いいえ、現実的になってきたからこそ、途端に腰が引けてしまいました。

「期待するのはまだ早い。もしかすると、周囲の環境が条件に合わないかもしれないし……」

と、慎重を装いながら、自分に言い訳をしはじめたのです。相反する胸の内。

ぐるぐるまわる「志」と「小心者の私」。よっぽどおかしな顔をしていたのか、実家暮らしをする姉がヒョイっと私のスマホを覗き込みました。

「お！　ナニコレ！　めっちゃええやん♪　なに？　お寺用の土地建物？」

「う……うん。不動産屋の人に更地以外でも、建物付きの土地も視野に入れてまって伝えてあったから……」

まだ言い終わらないうちに私のスマホを取り上げた姉はススーと画面を操作すると

「これ、エエやん。予算は大幅にオーバーやけど、ローン組めばいけるでしょ」

あっけらかんと言い放ちました。その姉の言いように私は腹立たしさを覚えました。

「簡単に言うけど、そもそも私たちのような芸人という商売ではローンを組むことじたいが難しいし、もしローンを組めても波のある仕事やからちゃんと返済していけるか分からへんねん！」

しかし、スルースキルを公私ともに手に入れた姉は、全く聞く耳を持ちません。歌を歌いながら計算機を取り出すと、勝手にローンの計算をはじめました。まだ買うとも言ってないのに、なぜ買う前提で話しをするのだろう。私の身にもなってみてよ……。ピクピクと動く眉間は不快感を隠しませんでした。

次に私のスマホを覗き込んできたのは父でした。父ならば、ローン返済の苦労を知っています。さあ、姉に一言ガツンと言ってやって！　と念じましたが、

「まあ、無理するな。でも、頑張れ。団姫なら大丈夫だ、お前にはお釈迦さまがついてる」

と言うと、自身のコメントに満足したのか、飲みかけの日本酒を勢いよくあおりました。毒舌の父にしては珍しく優しいコメントです。さらに、日頃お釈迦さまのことを「釈迦」と呼び捨てにするくせに、今日はご丁寧に「お」も「様」もつけています。その様子に、長年、父の娘をやってきた私は調子が狂いました。

そこで思わず

「お父さん、傘寿を目の前に丸くなるのはエエけど、あんまり丸くなりすぎると長生きできへんで!?　いつもどおりの面倒くさいジイサンでいてエエねんで」

と声をかけました。

フン、と笑うと、父はまた日本酒を口に運びました。

母は「団姫は有言実行だから」と一言。別に特別そういうわけではないはずでしたが、言葉を扱う仕事ですから、やれないこと、やる気のないことに対しては、決してそれらしい言葉を使わない、人を惑わさない、と決めてきました。結果、母にはそれが「有言実行」なのかもしれませんが、三十五歳までにお寺を建てて、そこからが本当のスタートだと考えていた私は「今が三十二歳なら、潮時かもしれない」と思いました。「潮時」は、英語では「チャンス」といいます。私の中に満ちる想いとその時が、今、重なろうとしているのかもしれないと思いました。

言い訳、葛藤、逃げ出したい

大きな台風とともにお盆が過ぎると、私は早速内覧へと出かけました。夫である太神楽曲芸師・豊来家大治朗も一緒です。到着して内覧がはじまると、私はすぐに「しまった！」と思いました。

通常、住宅などの内覧の場合、実際よりも資料写真のほうが良く写っているものです。だからこそ、「割烹・若松」もその例にもれなく、「きっと、資料写真よりも劣っているだろう」「粗が見つかるだろう」「だから、今回は見送ることになるだろう」と、考えていたのです。

そうだというのに私の目に飛び込んできた「現実」は、資料写真よりもさらに良いもので、私は自身の高鳴る胸に勝てる気がしませんでした。気がつけば、

「ここが本堂で、ここが法話や落語をする舞台。ここはお囃子スペースにばっちりだし、一階は茶話スペース。畳の部屋は寺務所と控室にするとして……畳は替えたほうがいいよね？」

と買い取る前提で夫と話しをしていました。ハッと我に返った私は急いで宮脇さんのほうを振り返ると「もしも、もしも買うならの話しですけどね！」と予防線を張りながら、自分へ言い訳をしていました。

帰宅すると、夫と話しました。夫も割烹・若松をたいそう気に入ったようで、

「逆に、若松に決めない理由が見つからない」とまで言います。金額はさておき、外観も中身も周囲の条件もピッタリな若松。だからこそ、本当に悩みました。場合によっては一家共倒れするかもしれないチャレンジです。絶対に失敗するわけにはいきません。積み木で遊んでいる息子は、まだ五歳です。

「とりあえず、悩んでもいい期間を宮脇さんに聞いてみたらどうですか？」と夫が言いました。確かに、他にも割烹・若松を買いたい人が出てくる可能性は十分にあります。だって、あれだけ素敵な建物なのですから……。
宮脇さんから一週間の猶予を与えられた私は、朝から晩まで悩みに悩みました。

ああ、もう考えたくない。こんなに悩むぐらいなら、なぜお寺を建てたいなど
と大それたことを考えたのだろう……もう、逃げたい。「わたし」から逃げたい。
今まで私から「将来お寺を建てたい」と聞いた人の記憶がみんな消えてしまえば
良いのに……!!
そうは言いながらも、私には「やるしかない」ことも分かり切っていました。
それが私の使命だからです。

やるしかない。
やりたい。
でも、やりたくない。

「やらなあかんのに、いざやると思うと、不安で不安で、寝られへんねん！」

——すると夫が言いました。

「団姫さん、出産前にも同じこと言ってませんでした？」

そうか……‼

その頃の私は、今まさにお寺を産み出そうとしている〝マタニティーブルー〟だったのです。

第二話

いつかお寺を建てたい！

法華経の力が私を突き動かす

「いつかお寺を建てたい！」――そう思った瞬間のことは、今でもよく覚えています。それは妊娠中、『法華経が好き！』（春秋社）を執筆しているときでした。

私は、法華経というお経が大好きです。法華経に救われ、法華経に生かされ、法華経を広めたいと思ったことから僧侶を志しました。高校一年生のときです。

小さい頃から「人間は死んだらどうなるのか」という思いにとらわれ、そればかり心配していた私は、中学生になると社会科の授業で宗教の存在を知りました。「信仰を持てば、私の人生最大の不安は解消されるのではないか」――そんな予感しかしませんでした。

高校生になると勉強そっちのけでバイトをはじめ、そのバイト代で宗教の本を読み漁りました。キリスト教の聖書、イスラム教のクルアーン解説書、神道、仏教……と、私の目に映るそれらの経典は、学校の教科書が色あせて見える、人生の教科書でした。

その中でも私に衝撃を与えたのは、法華経でした。法華経は諸経の王といわれるお経で、お釈迦さまが永遠の命をもって私たちを悟りの道へと教え導くと解き明かされている慈悲のお経です。もちろん、法華経、また仏教に限らずこのような教えは世界中の様々な宗教の共通するところではありますが、私は法華経の中でお釈迦さまが霊鷲山（りょうじゅせん）においてこの教えを説かれている場面を読んだ瞬間、「私もこの教えを霊鷲山で聞いている一人だ！」と強烈な感動を覚え、体中に血が巡り、なぜか法華経に再会したような懐かしさを感じました。そこから私の信仰生活がはじまり、多くの人に信仰を持つと人生が豊かになることを伝えたいと考えるようになりました。そして、そのためには自分自身が僧侶になろうと思ったのです。

しかしその当時、私は落語好きの両親の影響で落語家も志していました。「落語家か、僧侶か」——二つの夢を抱え悩む私は、あらためて人生指針である法華経に問いました。すると法華経には、「仏様の教えを素晴らしいと思った者は、自分の得意分野でその教えを広めなさい」というススメがあります。ナルホド！と、そこで、落語家兼僧侶となって落語で仏教を広めることを思いついたのです。

その後、落語家として入門したのは十八歳のとき。そこから大師匠の自宅に住み込み、三年間の内弟子修業をさせていただきました。また、落語家の修業が明けると、今度は比叡山へ出家願い。約四年間頼み込んだところ気持ちを認めてもらえ、出家得度が許されたのでした。

著わされた思い

比叡山での基本的な修行を終えると、私は布教のチャンスをいただけるようになりました。また、有り難いことに著書の出版のご依頼もいただくようになり、布教に繋がることであればどんなことでもさせていただきたいと、取り組んできました。

それでも、「法華経の本を書きませんか?」というご依頼だけは断り続けていました。なぜなら、法華経だからです。私は法華経を信仰する者ではありますが、それを著書として著わすというのは、好きだからこそ大変ハードルの高いものでした。また、実際に書くとなれば膨大な資料が必要です。いつも新幹線移動の最中に原稿を書いていた私には、膨大な資料を伴う原稿の執筆は現実的に無理だったのです。

……と、またそんな「言い訳」をしながら法華経本の執筆から逃げていた私を、春秋社の桑村正純氏は逃がしませんでした。二〇一三年の冬、妊娠中だった私が出産に向け落語の仕事を制限し始めると、桑村氏はそれを知ってか知らずか、絶妙のタイミングで「法華経の本を書きませんか」と連絡してきました。

「妊娠中で舞台の仕事をセーブしている今なら、自宅で調べものをしながら書ける」――そこで私は、桑村氏の話しを聞いてみることにしました。さすが、ベテラン編集者です。私がまだ右も左も分からない僧侶の卵で、法華経の本など書けないことは十分に分かっているようでした。

「だから、団姫さんには法華経の解説書を書けと言っているわけではありません。団姫さんの『法華経が好き！』という信仰の喜びを書いてくれたらいいんですよ」

それなら書けます！　それなら書きたいです！　私は、近所にできた美味しいケーキ屋さんを口コミで広げるような気持ちで、書きはじめました。書いていくうちに、あらためて法華経の魅力が私に力を与えてくれます。だんだんと大きくなるお腹とともに、何度でも湧き上がる法華経への想い。いつしか、命を産み出そうとする神秘ともいえる力は布教にかける願いと融合し、勝手に原稿用紙に書きだしたのです。「いつかお寺を建てたい」と。

こんなことを原稿に書いたらやらなければいけない。この本が出版されたら、後戻りはできない。だからこそ、自然と書き出された文字をそのまま原稿に残すことにしました。

古来より「祈り」とは、意を宣言する、「意宣り」ともいわれます。法華経に生きる宣言として「いつかお寺を建てたい」と記しました。

第三話

そうと決まればまずは貯金！

そもそも私はお金のかからない人間です。贅沢な食事は胃がもたれるため質素な食事が基本ですし、車にもこだわりがないため自家用車は持たず、車移動が必要なときはカーシェアリングで十分でした。ときおり、講演会へ「わ」ナンバーの車でやってくる私にギョッとする主催者もありましたが、自家用車を持たないことに引け目を感じる必要もありませんでした。

また、ファッションも同様です。出家前は寄席の楽屋で動きやすく、かつ長時間移動でも疲れにくいものを基本としていたため高価な服を買うことは滅多にありませんでしたし、出家後はこれでもかというぐらい便利な「作務衣」を手に入れたため、私は次第に洋服じたいを買わなくなりました。

しかし、こういったお金のかからない生活の中でなにより助かったのは、ブランドものに全く縁がないことでした。

例えば、私がどれほどブランドものに縁が無いのかというと、以前、町中で可愛い財布を見かけたときのことです。姉が好きそうな財布だったため、私は早速スマホで写真を撮ると、姉にメールをしました。しかも、メーカー名が不動明王様のご真言のようであったため、姉にそのことを伝えると、写真を見た姉から「あんた、サマンサタバサも知らんのか！　恥！」と返ってきました。サマンサタバサとは、同世代の女性に絶大な人気を誇る有名ブランドだったのです。

その後、ブランドものがいかに高額であるか知るようになったのは、全身をブランド物で固める買い物依存症の女性と出会ったことがきっかけでした。

彼氏と喧嘩をするたびに親の財産でブランドものを買ってしまうというその女性は、このままではいけないと、仏教に救いを求めていたのでした。そこで私は彼女に、仏法こそがどんなブランドものにも負けない安心（あんじん）を与えてくれるのだとお伝えし、その一方、お釈迦様もある意味では有名ブランドでもあるとお話ししたのです。その心は……？　お釈迦さまは、私たちの魂の〝コーチ〟ですからね（笑）

冗談はさておき。様々な人のお金との付き合い方を知っていく中で、私のようなお金のかからない生活スタイルは、僧侶として生きていくには有難いものだと思えるようになりました。もちろん、今ある自分自身の生活も、「お金がかからない」とはいいながらも、三度の食事、あたたかい布団、ゆったりとくつろげるお風呂……と十分に贅沢だと思います。だからこそ、収入が増えても生活水準を無駄に上げないよう心がけました。一度贅沢を味わえば、人間、なかなかその味を忘れることが出来ないからです。

そうしているうちにだんだんと貯まってきた貯金は、たまにひょっこり顔を出すと、「このお金は一体なにに使うのか」と私に問いかけました。お寺を建てたいと思い立つ前は、その用途ははっきりと分かりませんでしたが、とにかく、いつか布教を通じて社会に恩返しするために使うことになるだろうと考えていました。その貯金が、やっと、具体的な役割を与えられることになった寺院建立計画。使命を帯びた通帳は、来るご縁に向けてどんどんと頭金を貯めていきました。

仏教における恩返しとは

数年前、テレビドラマで流行した「やられたらやり返す、倍返しだ！」というフレーズ。しかし、仏教においてやられたらやり返すのは、「恩返し」です。「恩返し」というとお世話になった方に直接なにかをさせていただくことのように思われがちですが、実はそうではありません。仏教では恩返しする相手はその本人に限らず、生きとし生けるもの、社会全体だといいます。なぜか？　これには、大きな理由があるのです。

例えば、道に迷ったときに道案内をしてくれた人がいたとします。その人に恩返しをしようとすると、相応のお返しをするために、どうしてもその恩の大きさを量る作業が心の中で行われてしまいます。恩を量って相応のものを返すという行為では、ただのギブアンドテイクに他なりません。これでは「礼儀」の域を出ず、恩返しにならないのです。

そこで、お釈迦さまが説かれた「恩」に注目すると、お釈迦さまは「施恩」と「知恩」が大切だといわれました。これは、恩を「施す」こと、そして、恩を「知る」ことをいいます。恩は施すものと知れば恩返しを期待する傲慢な心は生まれませんし、「この恩知らず！」と、恩を施した相手を憎む必要もありません。恩は「きせる」ものではなく「施す」もの。そして、「返す」ものではなく「知る」ものですから、恩を知った者は、他者に恩を施していく、社会に還元をしていく、これが仏教における恩返しといえるのです。

私は、高校生時代に嫌な事件に巻き込まれ、自死を考えていた時期が一年ほどありました。しかし、死にたい死にたいと思っていた私を引き留めてくださったのはお釈迦さまでした。法華経から「あなたを導きたい」という強烈なメッセージを受け取っていた私は、「私が死んだら、お釈迦さまが悲しむ！　大好きなお釈迦さまを悲しませるわけにはいかない！」と自死を思いとどまることができたのです。そこから、仏教に限らず、信仰心は自死予防の役割を果たすのではないかと考え、信仰に生きる人を増やし、自死予防の活動をすることが、お釈迦さまの恩を知った者としてすべきことだと感じてきました。

お寺を建てる、さらにそれを継続していくとなれば、お金の面では億単位の仕事です。豪邸を建て、ブランドものを身に着け、贅沢な生活はいくらでもできます。そのお金を頭金にローンを組んで、自分の財産にも出来ないお寺をわざわざ建てるなんて、バカみたいだと笑う人もあるでしょう。いえ、正直なところ実際によく笑われていますし、笑う人の気持ちも分かるのです。その人たちにとっては、本当に理解できない、馬鹿らしい行為なのでしょう。でも、私は私のために使うお金は必要最低限で良いのです。お釈迦さまからいただく慈悲は本当にはかり知れないものだと知ってから、自分で稼いだお金は自分のものではなくなりました。生かされている、そのうえで稼いだお金ですから、どんどんとお釈迦さまの「お導き計画」に遣わせていただく。

迷いはありません。

第四話

お寺を建てる条件

うるさいモンダイ

〝保育園に「死んでもらいたい」と電話〟
〝幼稚園児の声に激怒した七十代男が脅迫文を投稿〟
〝保育園建設反対〟

こんな物騒なニュースが平気な顔をして飛び交うようになった平成の終わり。この手のニュースを目にするたびに、僧侶として心に余裕のない人とどう向き合うか、子どもたちが安全に暮らせる社会づくりとは、と考えさせられました。

そしてなにより、日本の未来を担う子どもたちの躍動の声すら「騒音」として排除されようとするこの世の中で、果たして寺院の建立など許されるのか、疑問でした。地域社会との関わりと反比例するように増え続ける「騒音問題」は、保育園や幼稚園に限らず、仏教界へも大きなクレームとなって押し寄せていたのです。

「朝のお勤めの木魚の音がうるさい」と言われ、木魚を叩くことをやめたお寺。年にたった一度の「除夜の鐘」が「うるさい」と言われ、除夜の鐘を廃止したお寺。

このような話しを聞くたびに、「何百年も前からあるお寺でもこんなことを言われるのだから、お寺を建てると言えば反対運動も起きかねない」と震えました。しかし、ただ震えているだけではいけません。お寺をこの現実の世の中に建てるのです。目を逸らさず、最善の方法を考えるべきだと、私は〝お手上げ〟していたパーの手を、何度もグーに握りなおしました。

現実的に

では、現実的にどう作戦を練ったら良いものかと考えたとき、やはり、トラブルを避けるためには、まずは騒音と言われない場所選びだと思いました。騒音問題を考える前までは単純に「最寄駅から徒歩十五分以内」で「五十坪前後の土地」、と考えていましたが、騒音問題に直面してからは「民家が隣接していない」という条件が一番になりました。そうなると、公園の隣などピッタリです。すぐに頭に浮かんできたのは、地域の自治会館。夫に「あそこの自治会館やったら公園の中にあるし、ばっちりなんやけど！」と話すと、「はい、ばっちりな場所なので、あそこに自治会館があるのです」と答えが返ってきました。

そこでもう少し現実的に考えると、いきなり公園の隣などと限定せず、四方を店や大きな道路に囲まれているところはどうだろうかと考えました。お店の業種にもよりますが、民家の近くに建てるよりはトラブルになりにくいはずです。

さらに、私の場合はお寺で定期的に落語会を開催する計画もしています。そうなれば、「開演前、お寺の外に行列ができる」ことがトラブルのもとになることは想像に難くありませんでした。そこで、建物は一階を待合室にして、二階を本堂にすることを決めました。クレームばかり想定していると頭が痛くなりましたが、おかげでビジョンが少しずつはっきりしてきたのです。

いつ見つかるか分からない土地の「ご近所さん」を気にしながらも、私にはもう一つ気にかけなければいけないことがありました。それが、尼崎市内のお寺関係者への「根回し」です。そもそもはじめは大阪から神戸にかけての「阪神間エリア」で考えていた私の土地探しは、住めば住むほど「尼崎」以外の選択を許しませんでした。

自分らしく生きることのできるダイバーシティ、尼崎。結婚時に「交通の便が良いから」という理由だけで住みはじめた街だというのに、その魅力は私を離さないどころか、街の一員として街づくりに携わらせて欲しいとまで思わせるようになりました。私には、父の仕事の関係でこれといった故郷がありません。そんな私に「アマの尼さんです♪」という落語のマクラを与えてくれた尼崎は、故郷にしたい街でした。

尼崎にお寺を建てると決めてからは、とにかく市内のお寺さんに会えば「いつかお寺を建てたいのですが、檀家寺ではなく信者寺にしようと考えています」とお話しするようにしました。檀家制度で成り立っている仏教界で一番恐れられているのは、檀家さんが他のお寺へ移ってしまうことです。古くからその地域にあるお寺を守るご住職からすれば、自分のお寺の近くに新しいお寺が建つとなれば、良い気はしないでしょう。だからこそ、いつそのチャンスが訪れても良いように、「私は決して貴寺の邪魔はいたしません」と意思表示をしておく必要がありました。有難いことに、心優しい尼崎のお坊さんたちは嫌な顔をするどころか、「おもろそうやん！　頑張ってや！」と声をかけてくださいました。私はもっともっと尼崎が好きになったのです。

条件を満たす

諸々の条件を満たした尼崎市西長洲町（にしながすちょう）の割烹・若松は、特急の停車駅でもある阪神尼崎駅を北に八百メートルという好立地でした。土地建物のまわりは、大きな道路、駐車場、そして、インターネットでの販売を中心とするリサイクルショップです。

割烹・若松は三階建て。一階は私の計画どおり、参拝者の待合室と住職部屋に丁度良い間取りでした。そして、冬になると「てっちり」を楽しむ人の笑い声で溢れた二階は、本堂として想定していたサイズにピッタリです。

さらにラッキーだったのは建物のデザイン。和モダンなその佇まいは、「様々な宗教の方に来て欲しい」と願う私にとって、これ以上ないものでした。

天台宗は、世界中の様々な宗教の人と互いに信仰を認め合い、ともに平和を祈る「宗教サミット」を行う宗派です。その天台宗の僧侶として、また、クリスチャンの夫と生きる者として、私は「宗教サミットを体現するようなお寺にしたい！」と考えてきました。そのためには、「お寺お寺していないお寺」というナントモ難しいデザインが求められていました。もちろん、「お寺らしいお寺」でも良いのですが、「お寺お寺してないお寺」のほうが、私がやりたいことの間口を広げてくれそうな予感がしたのです。そこへやってきた割烹・若松の建物は、まさに「渡りに船」でした。しかも、ただの船ではありません。宝船です。笑顔の神さま仏さまが宝船に乗って、ワイワイと賑やかにやってきてくれたように思いました。

壽
縁日寄席

第五話

想定外の試練

コロナショック

この原稿を順調に書き進めていた二〇二〇年二月下旬。私の筆は大きな壁にぶち当たりました。中国・武漢を中心に発生した新型コロナウイルス、「ＣＯＶＩＤ－19」です。この未知のウイルスは多くの人の命を無慈悲に奪いながら世界中へと広まり、経済にも大きな影響を与えました。

このとき、私はちょうどお寺の内装工事に取り掛かろうとしていました。本堂の仏具と寺院内の内装にかかる費用は約三千万円。すでに買い取った土地・建物代は自分でローンを組み、支払いをしていましたが、仏教界では寺院建立に関して「自分一人でお寺を建てると一代で潰れる」という言い伝えがあったため、この仏具および内装費用の三千万円に関しては、全国から広くご寄進を募ることにしていたのです。そのご寄進がいよいよ一千万円を目前にした二月下旬。ご寄進の集まるペース、そして仏具屋と施工業者の支払期限を考えると、仮に支払期限までにご寄進が全額集まらなくても、もしものために貯めてきた生活の「つなぎ資金」で一時的に支払いの補填をすれば、なんとかなる算段になりました。そこで、二〇二〇年二月二十五日、施工業者である宮崎建設と正式契約を交わし、三月初旬から工事をスタートさせるはずでした。しかし、そんな矢先に飛び込んできた新型コロナは、私の計画を想像以上に阻むこととなったのです。

日本国内で初めての感染者が確認されてから、感染経路の分からない「市中感染」へと段階が移行すると、感染拡大を防ぐため社会は一斉に動きはじめました。小中学校の休校、満員電車を避けるための時差出勤、テレワーク。そして、人込みを避けるための「イベント自粛」は、私の収入の大半を占める「公演中止」を意味しました。ひっきりなしにかかってくるキャンセルの電話。しかも、いつまで続くか分からない感染拡大は公演再開も未定にします。私たちのようなフリーランスの人間は、会社員とは違い、仕事が無くなれば収入はゼロです。生活費はもちろん、返済をはじめたばかりの土地・建物代のローンの支払いは今まで使うことのなかった「つなぎ資金」を切り崩すしかありませんでした。もちろん、芸人という波のある商売ですから、不測の事態に備えて「つなぎ資金」以外にも、いわゆる「就労不能保険」や「生命保険」にも加入していました。しかし、流石にこのようなパンデミックは予想ができず、また仮に予想ができたところで、芸人という社会的立場の弱い商売では、対策も保障も皆無に等しかったのです。

それでも、人命が第一。公演のキャンセルの電話がきたら己の収入のことを考えて嘆くのではなく、「これでまた感染拡大を防ぐことに協力できた。お客様を感染リスクから守れた」と考えるようにしました。

建設業界の事情

つなぎ資金で内装工事費用を補填することが難しくなったどころか、つなぎ資金が底をつけば生命保険の解約もしなければいけない状況になった私は、着工の延期を余儀なくされました。しかも、〝コロナショック〟で景気が低迷した影響で、ご寄進してくださる方やその額が減ることは想像に難くありません。景気回復の兼ね合いを見ながら、最低でも二千万円のご寄進が集まらなければ着工は難しいと判断しました。慎重に進めなければ、お寺も私も共倒れしてしまいます。

本来であれば正式契約するはずだったその日。正直に事情を話そうと宮崎建設との打ち合わせへ出かけると、「今の状況では難しいです」と話しはじめたのは宮崎建設のほうでした。

「実は新型コロナの影響で、中国から調達していた資材が入ってこないんです。だから、今から着工しても、予定どおり完成できません」

そういえば、大手ハウスメーカーにも新型コロナの影響が出ているとニュースで見ました。住宅でなくとも事情は同じ。コロナショックは資金にも資材にも大きな影響を及ぼしていたのです。私もお金の事情を話し、着工の延期が決まりました。マスクをしながらの打ち合わせだというのに、「頑張りましょう」と話す宮崎建設の社長の優しい口元が見えます。

先の見えない着工延期と収入の激減。マイナス思考で小心者の私は、本来であればすでに倒れそうな気持ちでした。それでも私は、しっかりと現実に向き合い、揺らがぬ心を持ち続けることが出来ました。

私の手には、一枚の「おみくじ」が握られていたのです。

第六話

おみくじの導き

腹をくくらせてくれるなにか

新型コロナが世界中を脅かす半年前の夏の終わり。ホームストーリーの宮脇さんに猶予期間を貰った私は、割烹・若松の跡地を買うか買わないか、ひたすら悩んでいました。有難いことに、様々な人がそれぞれの視点からアドバイスをくれます。それでも、結局最後に決めるのは自分で、実行するのも自分。そして、なにかあれば責任をとるのも自分です。

「だって、○○さんがこう言ったから」などと後で泣くような甘ったれの自分は、遠い昔にビンタして追い出しました。

それでも、今回ばかりは大胆になりきるわけにもいかず、かといって慎重になりすぎるわけにもいきません。絶対に誰かのせいになどしませんが、私に腹をくくらせてくれる決定的ななにかが必要でした。

「ついに、あの〝おみくじ〟をいただく時がきた」――私が言うと、夫が深く頷きました。それしかないと、夫も分かっていたのでしょう。しかし、アノおみくじを〝いただく〟ことじたいに相当な覚悟が要ります。

「明日の朝起きて、それでも気持ちが揺らがないのであれば、おみくじのお願いの電話をしよう」――翌朝、私はいつもどおりの朝食を摂り終えると、スマホを手に取りました。「元三大師堂」をタップする指先はドクンドクンと脈打っていました。

おみくじ発祥の地・元三大師堂

比叡山延暦寺の横川(よかわ)に位置する元三大師堂(がんざんだいしどう)は、古来より多くの人から厚い信仰をあつめてきました。元旦三日に亡くなったことから「元三大師さま」と親しまれるようになった慈恵大師良源和尚は如意輪観音様の化身とされ、その不思議な霊験で千年以上私たちを導いてくださってます。

元三大師堂は「おみくじ発祥の地」ともされますが、その「おみくじ」は一般的な占いや運試しの類ではありません。人生の岐路に立たされた人を必ず導いてくださるものです。

例えば、離婚問題です。夫婦ともなればあらゆるしがらみが生まれますが、それゆえ離婚に踏み切れない人も多いでしょう。離婚するかしないか、二つに一つ。元三大師さまは、このようにどうしても自分では決めかねる人生の一大事に的確なアドバイスをくださいます。

しかし、このおみくじは誰でもいただけるものではありません。それは先ほど述べたように、占いや運試しではないからです。そのため、おみくじをいただくためには、まずはどういった内容で悩んでいるのか、元三大師堂の「當執事(とうしゅじ)」と呼ばれる、比叡山で特別な修行を経たお坊さんに相談をする必要があります。そしてそれが本当におみくじを引くに値する悩みかどうかを判断していただくのです。

また、悩みがおみくじに相当するものであっても、必ずおみくじを引いていただけるわけではありません。おみくじの結果は元三大師様、ひいては観音様からのご教示と信じて疑わず、しっかりとその神聖なおみくじを己の生き方の指針として受けいれられる人に限られるのです。従って、先ほどのように「離婚するかしないか」のおみくじの場合、「離婚したほうが良い人生を歩める」といった内容のお告げが出たのに、「やっぱりふんぎりつかないし、おみくじでは離婚した方が良いと出たけど、このまま結婚生活を続けるか」という考えや行いは禁忌となります。自分で決められないことを仏様にお伺いする「ご教示」ですから、それをないがしろにするような心構えではいけないのです。

ではなぜ、おみくじを「引く」のではなく「引いていただく」のかというと、このおみくじを引くのは相談者ではなく、執事さまだからです。

執事さまは相談内容および相談者の機根（きこん）——つまり、仏様の教えを聞いて受けいれられる器がその人にあるのか、覚悟があるか、おみくじに値する相談事か判断されると、お経を唱え、元三大師様にお伺いを立てられます。そして、ご真言とともに執事さまが振る箱から出てきたおみくじこそが、元三大師さまから賜る「ご教示」なのです。このご教示は悩める人を必ず導いてくださいます。

そう、必ずです。

笑われても平気

ときおり、二つに一つの悩みを抱える人に出会うと、この元三大師さまのおみくじのお話しをさせていただくことがあります。本当に悩んでいる人は真剣に話しを聞いてくださいますが、大半の方には笑われます。

「団姫さん、そんなもの信じてるの？　本気で？（笑）」と。

でも、笑う人の気持ちも分かるのです。そもそも本気で悩んでいなかったり、二つに一つといいながら、心の中では答えが出ている人です。そしてなにより、神も仏もあるものかと思っている人からすれば、本当にバカバカしい話しなのでしょう。「よくそんなものに人生を預けられるな」と。

しかし、このおみくじを笑う人に対し、ムキになって怒る必要はありません。私は天台宗の僧侶としてこの神聖なおみくじが本物であることを知っているわけですから、要は、おみくじをいただいた暁には、私が自分の人生をもってこのおみくじのご教示が本当であることを証明したら良いだけなのです。プロジェクトとしては大変なことですが、精神的にはこれほど有難いことはありません。迷うことなく仏様を信じ、あとは実践していくのみなのです。心の迷いはその歩みをたびたび止めさせます。だからこそ、「迷わず歩め」というご教示は、菩薩道のこの上ない道しるべとなります。

歩む方向をお伺いする元三大師さまのおみくじで「今回はやめておきなさい」と出れば、私は割烹・若松の跡地をすっぱりとなんの後腐れもなく諦められます。そして、その決意を胸に「この場所こそお寺にする場所です」と出れば、腹をくくれます。

元三大師堂へ電話をすると、お時間をいただけることになりました。その日付は九月九日、重陽の節句です。「菊の節句」とも呼ばれるその日、私は十六菊に三つの星をあしらった天台宗の紋「三諦星」の輪袈裟をかけ、千二百年もの昔から仏様の祈りが息づく山を目指しました。

第七話

九月九日

師僧の期待

元三大師堂へ行く前に訪れたのは、「比叡山行院」と呼ばれる天台宗の僧侶専門の修行道場でした。当時、この道場の責任者をつとめていた比叡山延暦寺雙厳院の福惠善高住職が、私の僧侶としての師である「師僧」です。

師僧へは以前から将来自分自身でお寺を建てたいとお話しをしてきました。しかし、お寺を建てるという無謀な計画を立てることが出来るのは、私がまだまだこの世界のことを知らない未熟者だからです。本山で厳しい修行を積まれた師は、新しくお寺を建てること、またそれを継続していくことがいかに大変なことであるかご存じでした。だからこそ、仏道とともに落語という道を持ち、また家庭もある私に対し、その親心から幾度も空き寺に入るようすすめてくださったのです。

そうだというのに私は本当に頑固な弟子です。本来であればそのご配慮を有難くいただき空き寺に入らせていただければ良いのに、頑なに自分で建てさせてくださいとお願いをしてきました。

叱られても当然のお願いであるにもかかわらず、師は「なぜ空き寺ではダメなのか」と優しく聞いてくださいました。そこで私も、住職になることが自分の目的ではないことを正直にお話ししたのです。

住職になるのが目的ではない

仏教界では、僧侶たるもの誰しも住職になるという目標を持つのは当たり前のことです。しかし、私の目標は住職になる、ならないではなく、心の駆け込み寺を作り、生きづらい人に寄り添うことでした。そのため、私にとって住職という肩書きはあくまでもその活動に付随するものだったので、住職になることに目的を持たず、とにかく交通の便の良い街中に開かれたお寺を作りたい一心でした。「空き寺に入るか、自分でお寺を建てるか」――この話題になるといつも師に複雑な顔をさせてしまう私は本当に困った弟子でしたが、それでも、いつか自分自身の機根が整えば、師はきっと私の寺院建立を応援してくださる気がしていました。

どういえばいいのでしょう。それはまるで両親に結婚の挨拶をする若者が、「うちの両親は結婚に反対するだろうけど、きっと最後は認めてくれるに違いない」、と予感することに似ていました。

なぜなら、師僧は私に期待してくださっています。そして、私の挑戦をいつも楽しみに見守ってくださいます。決して言葉数が多くはない、まさに「行者」である師のあたたかな眼差しから、多くの慈悲と導きをいただいてきました。

そのような師に、良い物件があること、元三大師さまのお導きをいただきたいことを電話でお話しすると、師は「うん」と一言。

当日、元三大師堂へ行く前に比叡山行院の門を叩きました。先の電話の雰囲気であれば、師も応援してくださっているようにも感じます。しかし、弟子というものはいつでも、いつまでも、師が怖いものです。懐かしい匂いのする修行道場の重たい戸。ガラっと開いたその先には……

やっぱり、私の未来を楽しみにしてくださっている師の姿がありました。

面接

弟子の揺るぎない覚悟を大きく受け止めてくださった師へ決意表明のような挨拶を行うと、私は早速元三大師堂へと送り出されました。

厳しさの中にある行院と五十メートルほどしか離れていないというのに、また違う「気」をまとう元三大師堂。本堂へ足を踏み入れご本尊さま（元三大師様）へ合掌一礼すると、執事室へ通されました。

「春香（しゅんこう）さん、色々と頑張ってるみたいですね」――優しい笑顔で出迎えてくださったのは、元三大師堂の執事であり、私が比叡山行院での修行中にお世話になった渡邊恵淳（えじゅん）先生でした。お茶を注ぐ柔らかな音が心地良く響きます。

一息つくと事情を話し、おみくじをいただきたいと頭を下げました。すると、このおみくじをいただけば後戻りができないことは分かっているか、その結果に従い歩む覚悟があるか、問われました。もちろん、私の返事は決まっています。

渡邊先生は「では、仏様にお伺いしてみましょう」と頷かれました。促され本堂へ向かう足は、すでによろめいています。私は右足を左足で支え、左足を右足で支えながら、着座しました。

「磬（けい）」と呼ばれる鳴り物がカンと乾いた音を出し、はじまりを告げた私の一世一代のおみくじ。

気が遠くなりそうな緊張の中、ひたすら心の中でご真言をお唱えし、そのときを待ちました。導き出されたおみくじを手にした渡邊先生が、抑揚のない声で言います。

「おみくじが出ました」

私は再び右足と左足を励まし叩き起こすと、執事室へと戻りました。

九月九日、九番

「春香さん、今回はあなたが今悩んでいる、尼崎市西長洲町の物件をお寺にするべきかどうかを仏様にお訊ねしました」

「はい」

「仏様からいただいた結果ですが、おみくじは、九番でした」

「九番⁉　せ、先生、その九番の意味は……」

厳しい表情のまま渡邊先生から渡されたそのおみくじには、「心配することはない。迷わずやりなさい」という旨のお告げがありました。さらに、仏様は私が心配性であることもよくご存じなのでしょう。そこには、「大吉」の文字も並んでいます。

震える手、感情より先に出てくる涙。

「せ、先生、これは……」

すると、ニコっと笑顔になった渡邊先生。

「これは良いおみくじをいただきましたね！　しっかり精進して下さい！」

まるで我がことのように喜んでくださる渡邊先生。その姿に、七年前も比叡山行院の修行を終えた私たち修行僧と共に涙を流してくださったことを思い出しました。

大切なこの日、この瞬間を、また共に喜んでいただけるご縁にあらためて感謝しました。

九月九日に賜った九番のおみくじ――三つ揃ったその「九」は、「苦」を「救」へと導き、「究」の道へ入らせしめる仏様の慈悲を観じさせました。

もう迷わなくて良い。ひたすら信じて歩めば良い。

これまで私は仏様が出してくださるOKサインに生かされてきました。その仏様が、今度はGOサインまで出してくださったのです。

晴れ晴れとした気持ちで山を下りていく私を、キラキラと水面を輝かせる琵琶湖が見送ってくれました。

第八話

お寺の名前

お寺の名前

山を下りた私は、一番に寺院名の素案を考える必要がありました。六年前から立てていた計画だというのに、詳しいことは何も決めていなかったのです。「そのときが来たら、ご本尊様も、お寺の名前も自然と決まるだろう」と呑気に構えていました。

しかし、おみくじのお告げをいただいたからには、私の運命はもう動き出しています。早々に仮の寺院名を考え、記者発表を行い、広く御寄進を募らなければいけませんでした。

多くの人に寄り添い続けるお寺。私のお寺ではなく、みんなのお寺。その名前を考えることは極めて困難でした。

帰宅すると早速ノートを用意して、思いつくままに文字を書き出してみました。しかし、どれもこれもピンときません。そう、そもそも私にはネーミングセンスというものがないのです。以前、ゆるキャラ好きが高じて作った自身のキャラクター、犬の「ぽ〜ろ」も、お客様からの公募でその名前を決めていなければ、「まるわん」などというありきたりの名前になるところでした。そんな私がお寺の名前を考えるなんて大丈夫なのだろうか……心底不安になっていると、夫が言いました。

「団姫さん、もし良ければ、僕が以前考えたお寺の名前ではダメですか？」

夫が考えた、お寺の名前……？　そこで私は思い出したのです。

夫の悪魔のような微笑みを。

穏やかな夫

夫の豊来家大治朗は、本当に穏やかな人です。出会って十年が経ちますが、私は夫の怒る姿を見たことがありません。それは私に心を開いていないのかと悩む時期もありましたが、夫の両親ですら「息子の怒った姿を見たことがない」というので、良くも悪くも怒りという感情を持ち合わせない人なのでしょう。そのような夫を結婚当時は正直「頼りない」と思うこともありましたが、共に生きるパートナーが穏やかであることは、この上ない癒しであり、望んでもなかなか手に入らない幸福です。

物事に抗わず、ありのままを受け入れ、苦しいときは怒るよりも祈る道を選んだクリスチャンの夫。

しかし夫は口数が少ないため、初対面の人から「なにも考えていなさそう」としばしば誤解され、馬鹿にされることもあります。それでも実際には、夫は喋っていない間、何も考えていないわけではなく、ひたすら相手を観察しており、相手が自分のことをどう見ているのか読み取っています。もちろん、そこで馬鹿にされていると感じても表情にも出しませんが、人間ですから色々と思うところはあるのでしょう。たまに、絶妙のタイミングでポツリとブラックジョークを言うのです。その特有のブラックジョークは毎度ビックリするようなものばかりですが、なぜか、笑顔で藁人形に釘を打つかのようなコミカルさがあります。

「決して怒りはしないけど、悔しいという気持ちぐらいは人並みにある」という夫の人間味溢れるブラックジョーク。今では、私たちが生きていくための良きスパイスになっています。

さて、そんな夫は日ごろ私に対しても色々と思っているのでしょう。すぐに言い返せない分、小さな「仕返し」の機会を虎視眈々と狙っています。そして、そのチャンスを驚くほど逃しません。

夫の提案

「僕、団姫さんが将来建てるお寺の名前、思いつきました」――いつものように穏やかに話す夫。その日はおみくじをいただく十か月前、平成最後の師走でした。冷たい空気に肌を震わすような朝でも、夫の朗らかな笑顔と朴訥(ぼくとつ)とした語り口は木漏れ日のようです。だからこそ、私は夫の背後で息を潜める悪意を見抜くことなどできませんでした。


「え！　大治朗さん、お寺の名前考えてくれたの？　どんなん？」

「はい。これはかなりの自信作です」

「聞きたい聞きたい♪」

「ほら、瀬戸内寂聴先生って、京都で『寂庵』という庵を結ばれてるじゃないですか」

「うんうんうん！」

「それで考えたんです。寂聴先生が『寂庵』なら、団姫さんは性格的に『ジャイ庵』でどうだろうって！」

「……へ？」

「ちなみに、ジャイアンのジャは邪悪の『邪』、ジャイアンのイは威力業務妨害の『威』です」


グサリと刺さる夫のジョーク。しかし、日頃夫に対してジャイアンのような振る舞いをしているのは間違いなく私自身です。「邪威庵」はトンデモナイと同時に図星すぎるネーミングで、もう笑うしかありませんでした。そうなると、私の負けです。夫は小さな仕返しに成功すると、さらに付け加えました。

「では、本当に邪威庵というお寺になったら、山門の名前は『ドラえ門』にしましょう」

なんでやねん！　……でも、もしも『邪威庵』にするのなら、堂内の張り紙は『廊下はシズカに歩きましょう』もオモロイな、などと考えてしまった自分は、夫とお似合いの妻だと愕然としました。

最高の励ましと最大の戒め

十か月ぶりに夫の案を改めて却下したジャイアンこと私は、再び寺院名を考えはじめました。

「ジャイアンならインパクト大だと思うんですけど……」と、人畜無害を装う我が家のもう一人のジャイアンは諦めきれない様子です。私は一人布団に入り考えることにしました。考えて考えて考えて……それでも、私の思い描くお寺の名前はなかなか出てきてくれません。

するとスマホが光りました。お世話になっている先輩僧侶からメールです。

「団姫さんの好きな仏教用語を三つ教えてください。深く考えなくていいので、今、自然に思い浮かんだもので結構です」とあります。一体なんのアンケートだ

ろうかと思いながら、
「私の好きな仏教用語は、『一隅を照らす』、『抜苦与楽』、『道心の中に衣食あり、衣食の中に道心なし』です」と返信しました。
「一隅を照らす」は、「自分の持ち場で自分の役割を一生懸命頑張って、まずは自分自身が社会のひとすみで明るく光り輝きましょう」という、伝教大師最澄様の教えです。一人ひとりがそれぞれの持ち場で輝けば、世の中全体が明るくなります。

私はこの教えの魅力は、すべての人に当てはまり、すべての人が実践でき、すべての人を幸せにするところにあると感じています。自分自身も得意不得意があるからこそ、「得意分野で頑張れば良いのだよ」というこの教えに救われてきたのです。すでにこの教えに救われている私の役割は、この良き教えをより多くの人へ広めることであり、それが私の一隅を照らすだと信じてきました。

また、「抜苦与楽」は、仏様の慈悲を表す言葉で「人々の苦を抜き取り、福楽を与える」ことをいいます。私が行う仏教落語の目的の一つはこの「抜苦与楽」にありました。お寺で落語会を出来るようにしたかったのも、仏様の教えで苦を抜き取り、笑いで豊かな気持ちになっていただきたかったからです。仏様にはなれなくても、仏様のような人を目指すことが仏道修行です。抜苦与楽は私の行動指針そのものでした。

そして、行動指針である抜苦与楽とともに私の精神面での指針となる教えが「道心の中に衣食あり、衣食の中に道心なし」でした。

そもそも「道心」とは仏道修行においての「悟りを求める志」をいいますが、最澄様は志をもって道を歩む人には必要最低限の衣食住が備わることを説かれ、反対に、私利私欲のために仏道を歩むのであれば、そこに志はないことを明らかにされました。

比叡山を人材育成の場とされた最澄様の思いを率直に伝えるこの教えは、私の胸を熱くしました。お会いしたことがなくても、私は比叡山で最澄様に道心を育てていただいている一人です。だからこそ、この教えを自身に置き換えて考えるのは当然のことでした。

「道心の中に衣食あり」は「もしお寺を建てることになっても、僧侶としての初心を忘れずその道を貫くのであれば、生活はなんとかなる。余計な心配はしなくてもよい」という最高の励ましでした。この教えがなければ、お寺を建てたいという気持ちも「志」ではなく「思いつき」としてすぐにかき消していたでしょう。

そして同時に「衣食の中に道心なし」は「自分の生活のために仏道を行うような僧侶になってはいけない」という厳しい戒めでした。お寺を建てる、運営していくことになればお金の問題はつきものですが、そのお金のために行動するようになっては本末転倒です。

最高の励ましと最大の戒めを兼ね備えた「道心の中に衣食あり、衣食の中に道心なし」は、私の僧侶としての軸でした。

このような熱い想いを再確認しながら先輩へメールをしているうちに、「一隅を照らす」という教えの広報を担う身として「一隅を照らす」に沿った寺院名にしなければととらわれていた私は、「そうか、道心があった。道心しかない」と気付かされました。

「道心」あっての「一隅を照らす」ですから、そこに矛盾はありません。

「道心寺」——もしも、そのような寺院名になるのなら、どれだけの時代が流れようとも、多くの人の志を見守り、応援してくれるお寺になるに違いないと確信しました。

記者会見の当日。私は仮称として「道心寺（仮）プロジェクト」を発表しました。

第九話

法華大会

アンケートの意味

お寺の名前を仮称・道心寺と決めると、そもそも、先輩からの「好きな仏教用語アンケート」は何に使われるものだったのかが気になりました。そこで、「先ほどのアンケートは何に活用されるのですか？」とお尋ねすると、「団姫さんがついに新寺建立に動き出したというので、ご自身の好きな仏教用語に立ち返ることによって、お寺づくりのヒントになればと思ったのです」と返信がきました。先輩はすべてお見通し！　これには恐れ入りました。

先輩の思惑どおり、仏教用語からヒントどころか寺院名のアイディアを得た私は、どのような形でプロジェクトを進めるか、まずは記者発表までのスケジュールを立てました。発表までにはご寄進を募るためのチラシが要ります。そのチラシを作るには専用の口座を開設せねばなりません。プロジェクトノートに「口座の開設」と書くと、隣で覗き込んでいた夫が言いました。

「口座の開設って大変そうですね」

だから私も言ったのです。

「大丈夫！　落語家なだけに口座（高座）の開設（解説）は得意でしょう♪」

いつまで経っても治らない職業病です（笑）

そんな冗談を言いながら、記者発表は十月の中旬以降が良かろうと考えていました。私はこのとき、半月後に大切な「試験」を控えていたのです。

法華大会広学竪義

天台宗僧侶の最終試験とも呼ばれる「法華大会広学竪義」は、平安時代に起源を持ち、総本山・比叡山延暦寺において五年一会（四年に一度）で執行される問答を中心とする法会です。これは延暦寺の古儀を伝える重要な法義で、天台宗の僧侶として必要なあらゆる技能が問われます。

そもそも、天台宗の僧侶となるには、まず得度後、比叡山行院で基本的な行を受けます。そののち、入壇灌頂、開壇伝法、円頓授戒といった行を数年かけて受けていき、その集大成として法華大会広学竪義を修するのが一連の流れとなっています。本山の住職となる特別な方はここからさらに厳しい修行を積まれますが、多くの僧侶は法華大会広学竪義を一つの区切りとしています。

私は本来であれば平成二十七年にこの行を受けさせていただく予定でしたが、なんともマヌケなことに仕事のスケジュール調整を誤ったため、令和元年に受けることになりました。試験ですから、事前の準備も必要です。そこで、法華大会広学竪義を無事終えてからでないと、「道心寺（仮）プロジェクト」を本格始動することはできませんでした。

元三大師堂でおみくじを授かってから半月後の十月上旬、私は再び比叡山に登り、大講堂と呼ばれるお堂でその試験に臨みました。私の受験時刻は夜八時。暗闇の中、蝋燭の明かりを頼りにお堂に飛び込んだ私は、自分の体から出せるだけの声を振り絞り、比叡山という山に体当たりしました。

試験が終わると、半ば放心状態。ふらつく足で宿坊へ戻ろうとすると、火照る体に心地良い風が当たりました。その瞬間、様々な思いが込み上げてきたのです。

一生に一度の大切な試験。正直、全力を発揮できたかといえば、全くできませんでした。探題大僧正を目の前にただただ緊張の限界を超え、早送りの映画の中にひとり取り残されているようでした。

私はそもそも比叡山行院時代から優秀な僧侶ではありません。だから自分が完璧でないことぐらい百も承知でしたが、それでももう少しマシだと思っていたのです。なのに、そんな僅かな自分への期待も一瞬にして崩れ去り、私はただただ自分の不甲斐なさにガッカリするばかりでした。口を一文字に結んでみても、悔し涙は止まりませんでした。

私という現実

大講堂からの坂道をくだり、八年前に得度式を受けた大黒堂が見えると諸先輩がたの言葉を思い出しました。

「この試験は、上手くやろうとしなくていい。とにかく、一生懸命やることが大切だから」

確かに、上手くやろうとしてもできないことは明らかでした。そんなことは分かっていたのに、欲をかいて上手くやろうとしていました。そして、実際に上手くなどできなかったのです。小手先の技術など仏様の前で通用するはずがありませんでした。

しかし、一生懸命だったかと問われれば、全身全霊で取り組んだことに偽りはありません。すると急に「できなかった」とそれらしく落ち込んでいる自分がおかしくなってきました。

そもそも私は、上手くやろうとか、そんなタイプの尼さんではありません。それよりも、素晴らしい教えと頑張る力をすでに仏様からいただいているのですから、それでやっていけば良いのですし、それでやっていくしかないのです。「私のくせして、なにカッコつけてんねん！」と泣きながら笑えてきました。

厳しくも優しい比叡山は、試験を通じ、私に私という現実を目の当たりにさせてくれました。これから新しくお寺を建てるにあたり、この現実は嫌でも一生覚えておかなければならないと感じ、そう思うと、なんという有難いタイミングで法華大会広学竪義を受けさせていただいたのかと感謝の気持ちが湧いてきました。気が付けば、悔し涙だったはずのそれが、嬉し涙に変わっています。やっぱり仏様はすごい方だと！

この気持ちを一刻も早くどこかに書き留めておきたかった私は、カラコロと響く下駄の音を追い抜かし、宿坊へと急ぎました。部屋の戸を開けるなり、込み上げる想いを鼻息荒くノートにしまい込みます。すると、電話が鳴りました。大会事務局を取り仕切る先輩僧侶からです。

「春香（しゅんこう）さん、自室に戻りましたか？」

「はい、先ほど戻りました」

なんだか様子がヘンです。

「宿坊に戻ったら係の者まで報告するように伝えてありましたよね？　すぐに報告にきてください」

わっちゃー！　どこまでもマヌケな私は、試験からの〝帰還報告〟を怠り、一時、行方不明扱いになっていました。トホホのホ。

翌朝、清々しい気持ちで遂業式を終えると、私はいよいよお寺を建てるべく山を下りました。十月末、記者発表を行うと、私の次のステージが幕をあけました。

第十話　ローンの壁

ローンを組めるか

ところで、私には計画を進めるうえでローンという大きな壁がありました。芸人という商売は基本的に収入に波があり、また何の保証もない仕事であるため、昔から住宅ローンを組むことが困難だといわれてきたのです。そこで、芸界では家を買うときは一括払い、または配偶者が会社員の場合は配偶者の名義でローンを組むのが通例となっていました。ところが、私の場合は夫も芸人ですから、まずローンは組めません。だからこそ、お寺を建てたいと思い立ったその日からひたすら建設資金を貯金するしかありませんでした。そして、貯金をはじめて六年。いよいよご縁をいただいた割烹・若松でしたが、物件の上に並んだ数字は貫録十分で、どうあがいても一括購入は無理でした。当たり前です。約五十二坪の土地に加え立派な建物が建っているのですから、私が寄席の高座や講演会で得た収入ではとても太刀打ちできませんでした。

自身の貯金に加え、親族からなんとか集めた「自己資金」は総額の約半分。ご寄進を募るにしても物件は待ってくれませんから、初めて内覧をした段階で、なんとかローンを組める手立てはないか、組ませてくれる銀行はないか、ホームストーリーの宮脇さんに相談しました。すると宮脇さんが「今回は住宅ローンとは異なりますし、〝ばんしん〟ならいけるかも知れません」と教えてくれたのです。

「ばんしん」

〝ばんしん〟とは兵庫県姫路市を本拠地とする〝播州信用金庫〟のことで、私が暮らす尼崎市にもいくつか支店を構えていました。早速相談しに行くと、担当の女性は「なんとかお手伝いできるように頑張ります！」と、とても親身になってくださり、印象の良さはバッグンでした。

しかし、もしローンを組めるとなると、今度は金利が付いてきます。知人から念のため他の銀行も当たるようにいわれた私は、最終的にあと二つ、芸人でもローンを組ませてもらえる可能性のある日本政策金融公庫と某地方銀行に相談することになったのです。

宗教の壁

日本政策金融公庫は、説明を読む限り金利の目安が分かりやすく、また申請も比較的し易いように感じました。ところが相談がはじまると、担当の男性は「う〜ん……」とため息をつくなり「ちょっと、上司に確認しますのでお待ちくださ
い」と立ち上がりどこかへ行ってしまいました。なにが問題なのだろう？　と、過去三年分の確定申告の書類を持ちながら待っていると、「申し訳ございません。実は、公庫では宗教団体には融資することができないのです」と言われました。宗教が生活とともにある私にとって融資にも宗教の壁があるとは思いもよらないことでしたが、日本のお役所の常識からすれば、なるほど納得でした。しかし、ここでも担当の男性はとても良い方で、私の話しをよく聞いてくださり、落語の舞台や楽屋に相当する部分であれば融資ができるかもしれないと知恵を絞ってくださいました。とてもとても有難かったのですが、やはり、使用目的が特殊なものだったため、日本政策金融公庫からの融資は断念することにしました。

イケメンの壁

公庫がその候補から消えると、播州信用金庫と某地方銀行の二択で悩むことになりました。某地方銀行は対応にスピードがあり、スポーツ選手にも融資をしたことがあるので芸人も大歓迎だといいます。最終的にどちらの銀行も金利をかなり安くしてくれましたが、やはり、最初のご縁で播州信用金庫にお願いすることにしました。

ところが、某地方銀行にお断りを入れると困ったことが起きました。なんと、支店長から直々に電話がかかってきたのです。受話器の向こうの支店長は「うちに決めてもらえるなら、最後の最後、もう少し金利を頑張りますから。どうかどうか、うちでお願いできませんか」とすすり泣きをしています。銀行業界ではギリギリに泣き落としをしてドンデン返しに持ち込むこともよくあると聞いていたので、私も「支店長」「直々」の「泣き落とし」じたいには動じませんでした。しかし、問題は別のところにあったのです。

ハッキリ申し上げると、実はこの支店長、とにかくイケメンでした。人によってはこの顔だけで即決してしまうほどのイケメンで、私もそのイケメンから泣き落としをされて本当に心が揺らいだのです。私の決断のせいで、イケメンが泣いている……!!

約十分にわたるイケメンとの攻防の結果、私はなんとか己の弱い心に打ち勝つことができました。そして無事（?）に、播州信用金庫と契約を結ぶことができたのです。

事実婚の壁

ローンを組むために走り回っていた当時、私は金利や返済についての条件で頭が一杯でした。しかし、無事ローン組ませてもらった今、あらためて思い出すと、播州信用金庫にして本当に良かったと思ったのは、連帯保証人に関してのやり取りでした。

私は夫の大治朗と二〇一一年に結婚後、二〇一七年にペーパー離婚をして、現在、事実婚の夫婦として暮らしています。なぜそのような生き方を選んだのか、詳しくは拙著『女らしくなく、男らしくなく、自分らしく生きる』（春秋社）をご一読いただきたいと思いますが、実は、他銀行では事実婚の夫を連帯保証人として認めてもらうことは非常に困難だと後日知ったのでした。

ところが、播州信用金庫の担当の方は、私たちがなぜ事実婚を選んだのか、まずは理由をちゃんと聞いてくださり、理解して、私たちが婚姻届けのかわりに持つ公正証書を読み、上司にかけあってくれました。そのおかげで、私たちはありのままの形でローンを組ませてもらえたのです。

十一月末、ローン実行のために播州信用金庫へ行くと、すでに司法書士の先生が待ち構えていました。しばらくして到着したのは、売り主である割烹・若松のおかみさん、そして、おかみさんとともに若松の所有権を持つ二人の娘さんです。するると、娘さんの顔を見るなり夫が「え！　世の中って、狭いですね！」と、声を弾ませました。

そう、二人は血の繋がらない「姉妹」であり、「兄弟」だったのです。

郵便はがき

料金受取人払郵便

神田局
承認

1280

差出有効期限
令和5年3月
31日まで
(切手不要)

101-8791

535

千代田区外神田
二丁目十八―六

春秋社

愛読者カード係

＊お送りいただいた個人情報は、書籍の発送および小社のマーケティングに利用させていただきます。

(フリガナ) お名前	歳	ご職業
ご住所 〒		
E-mail 小社より、新刊／重版情報、「web 春秋 はるとあき」更新のお知らせ、イベント情報などをメールマガジンにてお届けいたします。	電話	

※新規注文書（本を新たに注文する場合のみご記入下さい。）

ご注文方法　□**書店で受け取り**　□**直送(代金先払い)** 担当よりご連絡いたします。

書店名	地区	書名		
				冊
				冊

ご購読ありがとうございます。このカードは、小社の今後の出版企画および読者の皆様とのご連絡に役立てたいと思いますので、ご記入の上お送り下さい。

〈書　名〉※必ずご記入下さい

●お買い上げ書店名(　　　　地区　　　　書店　)

●本書に関するご感想、小社刊行物についてのご意見

※上記をホームページなどでご紹介させていただく場合があります。(諾・否)

●購読メディア	●本書を何でお知りになりましたか	●お買い求めになった動機
新聞 雑誌 その他 メディア名 (　　　　)	1. 書店で見て 2. 新聞の広告で (1)朝日 (2)読売 (3)日経 (4)その他 3. 書評で (　　　　紙・誌) 4. 人にすすめられて 5. その他	1. 著者のファン 2. テーマにひかれて 3. 装丁が良い 4. 帯の文章を読んで 5. その他 (　　　　)

●内容	●定価	●装丁
□ 満足　□ 不満足	□ 安い　□ 高い	□ 良い　□ 悪い

●最近読んで面白かった本　(著者)　　　　(出版社)

(書名)

㈱春秋社　電話 03-3255-9611　FAX 03-3253-1384　振替 00180-6-24861
E-mail:info@shunjusha.co.jp

第十一話

売り主さんはクリスチャン⁉

「姉妹」

売り主である小寺順子さんは、溌溂とした笑顔が素敵な割烹・若松の女将さん。夫であり大将であった昇氏が十年前に他界されてからも変わらずお店を守られてきましたが、開店五十周年を目前にした平成三十一年、職人さんの高齢化に伴い、惜しまれながらも閉店という形を選ばれました。尼崎市民であれば誰もが知る有名店で、多くの著名人にも愛されてきました。

「若松のママ」と親しまれた女将さん。私もパーティなどで何度かお目にかかったことがありましたが、まさかその女将さんから土地と建物を売っていただくことになるとは、なんとも嬉しいご縁でした。しかも、大切なお店を手放されたにもかかわらず「あそこがお寺になれば地域の活性化にも繋がるし、頑張ってな！私も楽しみにしてるから」と声をかけてくださったのです。サッパリとした話し方が魅力のおかみさんでしたが、地域目線で物事を考えておられる姿に、私は一層女将さんのファンになりました。

その女将さんとともに若松の所有権を有していたのが、二人の娘さんです。ローン実行の場に立ち会ってくださった次女の葉理子さんが夫の大治朗を見て言いました。

「あれ？　大ちゃん、今日、亀ちゃんは？」

〝亀ちゃん〟とは私たちの息子・亀寿朗のことで、葉理子さんは亀寿朗とも顔見知りです。

親しげに話す夫と葉理子さん。一体どんな関係なのでしょうか……？

神様のご計画

そう、二人はどういった神様のご計画か分かりませんが、同じキリスト教会に通うクリスチャンでした。クリスチャンの人はお互いに「葉理子姉妹」や「大治朗兄弟」と呼び合いますから、二人は血の繋がらない「姉妹兄弟」だったのです。

では、女将さんもクリスチャンなのかというと、そうではありません。実は女将さんの一家は先祖代々浄土真宗のご門徒さんでしたが、葉理子さんはゲリーさんというクリスチャンの方と国際結婚をされたことをきっかけに教会へ通うようになり、洗礼を受けられたのでした。一家の中に仏教徒とクリスチャンが仲良く暮らしているなんて、親近感が湧いてきます。まさかまさか、そのようなご家族からお寺にするための土地と建物を売っていただけることになるとは！

クリスチャンと私

私は僧侶でありながら、今まで多くのクリスチャンにお世話になってきました。特に大きな存在は、二〇〇九年に召天された大師匠・二代目露の五郎兵衛師匠です。大師匠は芸事以外にも「信仰とはなにか」を死の瞬間まで教えてくださり、その穏やかな信仰生活は私の凝り固まった宗教的視野を存分に広げてくださいました。そして大師匠亡きあと、友人、お客様、そして夫と……これでもかというぐらいクリスチャンとのご縁をいただいてきた私でしたが、お寺の建立までクリスチャンの方にお世話になれると知った日には、天国におられる大師匠に思わず報告せずにはいられませんでした。

「いろいろな宗教の方に来ていただきたい」と考えていた道心寺。売り主さんとのご縁は、私の目的に大きな自信を与えてくれました。

第十二話

ご本尊様を決める

ご本尊様を決められない

寺院名とともに「そのときになったら自然と決まるだろう」と考えていたご本尊様。

当初は、仏師さんに新しい仏像を彫っていただくのではなく、どこかのお寺から仏様にお越しいただけないかと考えていました。そうしたほうが、お寺の由縁が深まり、ご縁も広がるだろうと期待していたのです。しかしここだけの話し、仏像のやり取りは大変複雑な事情を持つため、道心寺へお越しいただける仏様探しは極めて困難でした。

また、「この仏様ならお譲りできます」とご紹介いただいた仏様もありましたが、大きさや諸条件が合わず、断念せざるを得ませんでした。

なかなか決まらないご本尊様。そもそも、どこかのお寺からお越しいただくにしろ、仏師さんに彫っていただくにしろ、「どの仏様に来ていただきたいか」ということ自体、自分の中でハッキリとしていませんでした。

天台宗という宗派は他宗派とは異なり、既定の御本尊様はなく、様々な仏様をご本尊様としてお迎えすることができます。だからこそ、新しくお寺を建立する場合、ご本尊様を目的に合わせて決められる良さもあり、また決めなければいけない難しさもありました。

いくら考えても、多目的な道心寺のご本尊様にピッタリな仏様が思い浮かびません。正直、そのような事情も踏まえて「なにかのご縁で来てくださる仏様がおられたら……」と考えていた面もありました。しかし、それこそ「人任せ」でしかなく、反省すべき姿勢でした。仮にどこかのお寺から仏様をお迎えするにしても、ハッキリとした意思を持ったうえで祈らなければ、良いご縁をいただけるはずがありません。

スーパーのお菓子コーナーで小遣いを握りしめ、延々と悩んでいた小学六年生の頃の私は、二十年、三十年と経てば、なんでもスパッと決められるカッコイイ大人になっていると信じていました。しかし、小学二十六年生にしかなれなかった「決められない私」は、今日も相変わらず悩んでいます。

もういい加減、「決められない」から卒業したい——自分に嫌気がさしたその瞬間、師匠のお客様である、比叡山が大好きな歯科医の先生からメールが届きました。

○○してる仏様

「まるちゃん、ご本尊様、見つかった？」

「今、ちょうどそのことで悩んでまして……まだなんです」

「そうなんや！　どこかに、ヒマしてる仏さんいてはったらエエね！」

ヒ、ヒマしてる仏さん……⁉　なんとユニークな表現なのだろう！

このメールを見るなり、ガチガチに固まっていた私の頭は一気にほぐれていきました。そして、ほぐれた頭でもう一度自分の考え方を客観的、かつ厳しく見直してみると……？　なんとも情けないことに、私は由緒あるお寺から仏様にお越しいただき、その歴史の〝お裾分け〟をいただくことで「新しいことへ挑戦する不安」を和らげようとしていた部分があることに気が付かされました。

我ながら、なんと弱腰なのでしょう。そんなことをしなくても、私はすでに仏教の歴史そのものと、仏様の教えという血脈をいただいているというのに！

〝ヒマしてる仏さん〟に大笑いしたおかげで前向きになった私は、「由緒はこれから時間をかけて皆で作っていくもの」と考え直すことができました。

目指すは半年後の開山。仏師さんに彫っていただく時間を逆算すると、ご本尊様を決めるタイムリミットはすぐそこまで迫っていました。

ご本尊様選考会

ご本尊様を決めるにあたり、まずはこれまで持っていた道心寺のイメージを再確認することにしました。

まず、道心寺の目的や参拝者を考えると、一番大切なことは、「宗派を問わず親しまれる仏様」です。そこで、主に浄土系のイメージである阿弥陀様や、密教をイメージさせるお不動様は候補に入れず、どの宗派もカバー（？）している仏様が良いと考えてきました。計画当初からここまでは決めていたのですが、先の事情でどうしてもそれ以上の絞り込みができずにいたのです。

しかし、時間は待ってくれません。朝のお勤めをしながら、三日以内に必ず決めますと仏様に誓いました。

そこで、脳内で開催することになった「ご本尊様選考会」。

仏様を「選ぶ」ことじたいおこがましい気もしましたが、私の職業病が「仏教なだけに選考（線香）はつきものです」と勝手に喋るので、今だけはそのダジャレに甘えておくことにしました。

気を取り直して、まずはお釈迦様から。お釈迦様は説明するまでもなく仏教の開祖ですから、全宗派共通の仏様であり、私の魂の師匠です。ところが、なぜか道心寺とお釈迦様の組み合わせを考えると、気が引けてしまいました。開山後、住職となった自分がご参拝の方に「こちらがご本尊様である釈迦如来です」と話すイメージがどうしてもできなかったのです。なんといえば良いのか、不釣り合いな気がしました。そうこうしているうちに、とある先輩僧侶からアドバイスをいただいたのです。

「団姫さんが建てるお寺は、みんなで仏様の世界へ頑張って登っていくイメージだから、ご本尊様はお釈迦さまや大日さまといった如来の位の仏様ではなく、一緒に頑張ってくださるイメージの、いつも私たちの身近なところにいらっしゃる菩薩の位の仏様が良いと思いますよ」

なるほど！　お釈迦様が大好きであるにもかかわらず、なぜ道心寺のご本尊様としてお迎えすることにしっくりこないのだろうと悩んでいましたが、先輩のお話しを聞いて納得がいきました。先輩の一言が、お釈迦様に対する申し訳ない気持ちを見事に吹き飛ばしてくれたのです。

そうなると、やはり観音菩薩様が一番親しみがあるかな……？　と思いましたが、実は観音様には、観音様だからこそ決め難い、「とある事情」があったのです。

第十三話

あなたしかいません！

三十三身の観音様

「観自在菩薩」または「観世音菩薩」と呼ばれ、世の中の人々の苦しむ声、助けて欲しいという心の音を観じとってくださる観音様。その特徴は「三十三身」といわれ、救う人に応じ、様々なお姿に変化されることで知られています。

その知名度はバツグンで、お寺や仏像に詳しくない人でも、「聖観音」や「千手観音」、「十一面観音」や「如意輪観音」など、いくつかのお名前を聞いたことがあるはずです。

また、その特徴から「三十三」という数字が観音様のキーナンバーとなりましたが、実は観音様のお姿は三十三に限ったことではありません。「白衣観音」や「馬頭観音」など、そのはたらきやお姿を表す固有名詞は百以上にものぼるといわれています。これは仏教界ではかなり異例のことですが、それだけ観音様が私たち一人一人に寄り添ってくださる仏様であることを示しているのでした。

「観音経」として親しまれる妙法蓮華経観世音菩薩普門品第二十五には「念彼観

音力」という偈文が繰り返し登場しますが、これは、観音様を一心に念ずれば、いつでもどこでも圏外でも、すぐに私たちのSOSをキャッチしてくださるということです。

大慈大悲の観音様。その尊き救いのお姿が沢山あるからこそ、ご本尊様としてお迎えする身としては、迷うばかりでした。

聖観音様？　千手観音様？　どの観音様？

どのお姿の観音様にお越しいただくか——そこでずっと躓いていた私は、一度、スタンダードに立ち返ってみてはどうかと考えました。観音様の基本形は、清らかそのものである聖観音様です。しかし、今まで全国各地のお寺でお目にかかってきた聖観音様を思い出すと、どうも敷居が高く、道心寺のイメージに合いませんでした。

そこで、次の候補にあがったのが千手観音様です。開山を予定している令和二年は子年。その子年の守り本尊様である千手観音様は仏教界イチオシの観音様でした。しかも、私は千手観音様の縁日である十七日生まれですから、いかにも、開山の年と誕生日のご縁を考えると、千手観音様で決まりそうなものでした。ところが、違うのです。

実は、これだけ「決まらない、決まらない」と言いながら、私の頭の中にはその仏様のシルエットだけはぼんやりと見えていました。そのシルエットはどんなものかというと、大阪弁でいうところの「シュッとした」仏様だったのです。ご本尊様のシルエットクイズの答えを探すような日々でしたが、千手観音様の特徴的なお姿と、私の頭の中のシルエットはどうしても合致しませんでした。

そうなると、元三大師様とのご縁で如意輪観音様？　宗教平和を目指してマリア観音様？　ご本尊様を決める脳内選考会には多方面からあらゆる観音様にお越しいただきましたが、決まりません。

なぜ、どの観音様も違うのだろう？　きっと観音様で間違いないはずなのに、あの「シュッとしたシルエット」に当てはまる観音様がおられない……。やっぱり、観音様ではないということなの……？

納得できない私は、最後にもう一度だけ、観音様から離れて考えることにしました。

虚空蔵菩薩様と地蔵菩薩様

そうなると、一番の候補にあがったのは虚空蔵菩薩様でした。虚空蔵菩薩様は丑年、寅年の守り本尊様として知られる仏様で、五黄の寅年生まれの私は高校生のときに自宅の仏壇のご本尊様として虚空蔵菩薩様をお迎えしてから、毎日掌を合わせてきました。

虚空蔵菩薩様は宇宙のような広大無辺の福と智慧の「蔵」を持つ仏様で、その「宇宙レベルの引き出し」から私たちの悩みにピッタリの教えやお慈悲を与えてくださる有難い仏様です。代表的なご利益には「記憶力増進」や「頭脳明晰」等があげられるため、受験勉強真っ最中の学生さんや、お年寄りの呆け封じのご縁もいただけそうでした。

そこで、もし虚空蔵菩薩様がご本尊様だったら……と考えると、有難いことに開山後のイメージがどんどんと湧いてきましたが、それでも、右手に智慧の宝剣を持ち、左手に福徳の蓮華と如意宝珠を持つ虚空蔵菩薩様のシルエットは、私の頭の中のそれとは違いました。

お釈迦様でもなく、観音様でもなく、虚空蔵菩薩様でもない……そこでハッ！と気づいたのが、地蔵菩薩様でした。お地蔵様は観音様と同じく私たちの大変身近なところにいらっしゃる仏様ですが、お地蔵様こそある意味で道心寺にピッタリな仏様だったのです。

というのも、密教の世界ではそれぞれその仏様を表すご真言が存在しますが、実は、地蔵菩薩様のご真言の一部には「笑い声」が入っています。ご真言は密教の分野であるため、残念ながら今ここにそのご真言を記すことはできませんが、仏教界広しといえども、お名前に笑い声が入っているのはお地蔵様だけです。道心寺は落語を楽しんでいただく場所でもあるため、ご本尊様が大笑いしている、それだけで理由は十分でした。

それでも、私は決断できなかったのです。

ご本尊様を決めるのは、理由でも、理屈でもありませんでした。

あなたしかいません

いよいよ決めなければいけないその日、朝から布団の中でスマホをひらきインターネットで調べものをしていると、私の目に見たことのないお姿の観音様が飛び込んできました。その瞬間、隣で寝ていた夫を起こすと、私は必死に説明していました。

「エッ⁉　ねえねえ！　あなた！　ねえ！　この仏様やねんけど！　ねえねえ！この仏様やねん！　ご本尊様！」

自分でも何を言っているのか分かりません。驚きながら、決まっていました。だって、この仏様なのです。道心寺の御本尊様は。

お名前は「明星観音」と書いてあります。

「そうそう！」——初めて見るはずのお名前とお姿なのに、私が探し求めていたご本尊様は明星観音様で間違いありませんでした。

とりあえず、布団から飛び出すと顔を洗い、歯を磨きました。寝ぼけているつもりはありませんでしたが、一度冷静にならなければいけません。身なりを整え朝のお勤めをはじめると、頭が冴えていきます。そして、やはり明星観音様で間違いありません。

お勤めが終わってもまだ興奮気味の私は、夫から「その明星観音様って、どんな仏様なんですか?」と聞かれて、やっと分かりました。

「あ! アホや私! 明星観音様のこと、なにも知らない!」

もう、笑うしかありません。でも、この感覚には自信があります。

法華経にはじめて出会った瞬間のこと。

夫とはじめて言葉を交わした瞬間のこと。

そして、明星観音様が私の目に飛び込んできた瞬間の溢れるような喜び。

私にとって二度とないと思っていた、人生で三回目の〝ビビビ!〟だったのです。

だからこそ、遅ればせながらこれから調べる明星観音様がどんな仏様なのか、私は案じる必要などありませんでした。確信していたのです。この仏様しかいないと。

本棚の片隅で、仏教辞典が早く開けと催促してきます。

重たい辞書を開くと、やはり、道心寺の蓮台に立たれる仏様は明星観音様でした。

第十四話

明星観音様

明星観音様の本籍地

「明星観音様、あなたのことを教えてください」——胸いっぱいの期待とともに開いたのは、中村元先生の広説佛教語大辞典（東京書籍）でした。調べていくと、そこには「明星天子」とあります。

この「明星天子」が「明星観音」様と同一の仏様であることは、容易に想像がつきました。すると、その第一声は《普光天子・黄白大士ともいう》と説明しています。

これを見るなり、私はもう嬉しくて倒れそうでした。なぜなら普香天子（広説佛教語大辞典では普〝光〟とされますが、一般的には普〝香〟とされることが多い）とは、名月天子（月天子）、宝光天子（日天子）とともに「三光天子」と呼ばれる仏法守護の神様だったのです。

その三光天子が登場するお経というのが、まさかまさかの……？　いえ、やっぱりといえましょう、私が人生指針とする法華経でした。法華経と結ばれてきた私の魂は、やはり法華経に強く惹かれるのです。

では、明星観音であり明星天子である普香天子は、法華経のどの部分に登場されるのでしょうか？　これが、「序品第一」といわれる、法華経の冒頭部分です。法華経は二十八品、つまり二十八の章から成るお経ですが、序品第一はあくまでも「序品」であり、決して、「自我偈」で知られる如来寿量品第十六や、「観音経」と呼ばれる観世音菩薩普門品第二十五、また、方便品第二や、神力品第二十一などといった、法華経の主要部分ではありません。

しかし、私は明星観音様が序品第一の仏様であることに、とてつもない感動と力強さを覚えました。なぜなら「序品第一」とは、「これから法華経という素晴らしい教えが説かれますよ」という、まるで出囃子のような「はじまりまっせ！」の章なのです。

道心寺も、この序品第一のように、色々な人の人生、そして志に、「これからがあなたの素晴らしい人生の本番ですよ！」と告げる「はじまりまっせ！」のお寺を目指しています。だからこそ、私は明星観音様から序品第一の前向きな力をいただける気がして嬉しくなったのでした。

分霊、化身

すでに胸いっぱいの喜びに満たされていた私は、次から次へと知る明星観音様のプロフィールに、掌を合わせるばかりでした。

なかでも思わず歓喜の声をあげたのは、天台大師さまが記された『法華文句』です。ここでは《普香は是れ明星天子にして虚空蔵の応作なり》と説かれていました。つまり、明星観音様は虚空蔵菩薩様の化身だというのです。

さらに、明星観音様は「神道においては天照大御神様の分霊とされる」との情報もキャッチしました。……ということは？

途端に、トリハダが立ちました。なぜなら、私が朝夕に拝ませていただいているのは仏壇にいらっしゃる虚空蔵菩薩様であり、そして、神棚にいらっしゃる天照大御神様だったからです。

その神様仏様の分霊であり、化身とされるのが明星観音様だったとは……！

古代インドでは明星（アルナ）菩薩といわれ、「夜明けの紅」といわれる明星観音様。

太陽に先立って世界を照らし、闇を破り、迷妄を払う明星観音様。

私が一隅を照らすためにずっとずっと祈ってきた神様仏様が、これから先も祈りを捧げる観音様だと知ったのでした。

金星を持つ観音様

明星観音様のお姿の特徴は、そのしなやかな左手に金星を持っておられることです。明星は金星であり、金星は一番星です。金星は、古来より虚空蔵菩薩様の象徴とされてきました。

私は星について、全くといっていいほど知りません。それでもなぜか、昔から星のマークや星座のデザインが大好きでした。自身の過去の著書を見直してみても、たいがいの文章が仏教書であるにもかかわらず、「～ですネ☆」と、☆で締めくくられています。

また、新聞の連載でも、編集さんへ「☆」で締めくくられた原稿をお送りすると、そのまま採用していただいていたので、おカタい新聞でも意外と許されるものだなと思っていたところ、実は、編集さんが校正さんへの連絡事項に、わざわざ「☆は筆者の強い希望」と書いてくださっていたおかげで、特別にOKを出していただいていたものだと後に知りました。

原稿も、メールも、鞄も、洋服も、仕事の道具入れも、気がつけば身のまわりは星だらけ。これまで無意識のうちに星を選択していたため、自分が星好きだということすら気づいていませんでした。そして、明星観音様のお姿に惹かれて、やっと自分が星好きだったことに気づいたのです。

だからこそ、これからは星のことをしっかりと勉強しようと思いました。金星という存在が、様々なご縁を結んでくれる気がするのです。

現に、明星観音様をご本尊様としてお迎えすることを発表した際、多くのクリスチャンの方から好意的な反応をいただきました。そう、キリスト教では「輝く明けの明星」こそ、イエス・キリストなのです。お世話になっているクリスチャンの方からはこんなお声掛けをいただきました。

「正直、ザ・仏教！ みたいなお寺だと遊びに行きにくいけど、まるちゃんのお寺のご本尊様が明星観音さんという方なら、イエス様みたいで嬉しいし、私も気軽に行けるわ♪」

この言葉を聞いた日には、ご本尊様からすでに宗教平和を後押ししていただいていることを実感しました。

一時はマリア観音様も候補にあがったご本尊様の選考会。しかし、マリア崇敬はカトリックの方に限定されるため、道心寺を楽しみにしてくださっているプロテスタントの方々のことを想うと、マリア観音様の案は難しいと考えていました。それがまさか、明星観音様がカトリック、プロテスタント問わず、イエス様に愛されている人たちにも慕っていただけるとは、この上ない喜びです。

ご利益は？

さて、そんな明星観音様のご利益とは一体何でしょうか？ 基本的には虚空蔵菩薩様の化身なので、虚空蔵菩薩様と同じご利益をいただけるものと考えていましたが、ご本尊様決定の発表をすると、そのご利益をめぐり、思わぬ「大喜利」が展開されることになったのでした。

初めに明星観音様のご利益についてお問い合わせをいただいたのは、冗談が大好きな落語ファンの方でした。仏像もお好きなのかと思いきや、仏像には興味がないといいます。そこで話しを聞いてみると、この方は相撲ファンであることが分かりました。……そう、勘の良い方はもうお気づきでしょう！　なんとこの方、明星観音様が金星を持っておられるだけに、お相撲さんに「キンボシ」のご利益をいただけないかと考えたのです！　まさに、「むすびの一番」ならぬ、勝利への「縁むすびの一番星」。嬉しいご期待をいただきました。

また、後輩の落語家も明星観音様に興味を持ってくれました。「星を持っておられる観音様なら、拝めばスターにしてもらえそうですね！」と喜んでくれたのです。実際に、虚空蔵菩薩様は「記憶力増進」のほかに「技芸向上」のご利益もいただけるため、芸道を歩む者はスターになるチャンスをいただけるかもしれません♪

そして、なによりビックリしたのは私の母でした。

「私は道心寺が建ったら明星観音様にヒザの痛みについてお願いするわ」

と言います。なぜかと問うと、

「星なだけに、きっと正座（星座）のご利益があるでしょう！」

とのこと。これには思わずズッコケましたが、明星観音様のお姿が、私たちに明るく楽しい未来を想像させてくださいます。

観音様のキーナンバーである三十三歳の私がついに出会った本尊・明星観音様。小さい頃からいつも寂しい気持ちを覚えた宵の空は、今では明星観音様を思わせる希望の美しさです。その夜空の先にあるのは、これから明星観音様に導かれるであろう、多くの人たちの安堵。

一番星は、今日も私の胸を熱くします。

第十五話

御佛師を訪ねて

いざ松久宗琳佛所へ

ご本尊様が決まると、早速、仏師の先生へ製作をお願いすることになりました。明星観音様を観音像として形作られたのは、大佛師・松久宗琳師です。そのため、私は京都にある松久宗琳佛所を目指すことになりました。

しかし、松久宗琳佛所というと私にとって雲の上の存在です。門前払いされる可能性だってありました。それでも、明星観音様をお迎えするためにはすがりついてでも彫っていただかねばなりません。

緊張のなか松久宗琳佛所へ電話をすると、所長さんにお時間をいただけることになりました。手土産のお菓子を念入りに選び、阪急電車に揺られて着いた先は京都河原町駅。数年前とは比べ物にならないような多くの外国人観光客の間を抜けていくと、少しずつ京都らしい街並みが見えてきました。

「御幸町通、三条下ル、海老屋町……」

こんな風に京都を歩くのは久しぶりです。

松久宗琳佛所に到着すると、入り口から圧巻の仏様たちに出迎えられました。受付はすぐそこだというのに、その素晴らしい仏様たちが私を素通りさせてくれません。

二階の工房へ通されると、所長であり、巨匠・松久宗琳師の次女である佳遊師が出迎えてくださいました。その柔らかな笑顔は、まるで仏様のようです。仏様を彫る「御佛師さん」というのは、ご自身も仏様のようなお顔になられるのか……と、納得してしまいました。

ご挨拶をさせていただき、まずは道心寺の目的をお話ししました。そして、だからこそ明星観音様にお越しいただきたいとお願いをすると、佳遊師は快く承諾してくださったのです。

その後、ご本尊様の大きさなど簡単な打ち合わせを済ませると、別室へ案内されました。そこは、松久宗琳佛所で製作された数々の仏像が展示されている、煌びやかな仏様の世界です。「うわあ……」と、思わずため息が出ました。どの仏様もなんと美しいのだろう……。

仏像を見てこんなにもうっとりとしたのは、生まれて初めてのことでした。

のみ入れ式

令和元年十二月十八日。いよいよ迎えたご本尊様の「のみ入れ式」。この日は、私にとって一つの試練となりました。

なぜなら、本来であればこのような場合は師僧に式の導師をしていただくものですが、師僧は本山の住職として毎日大切な法務を抱えておられるため、スケジュールの都合上、どうしても導師をお願いすることが叶わなかったのです。すると、師僧に言われました。

「当日は行けないけど、頑張ってね」

初めは、その言葉の意味が良く分かりませんでした。しかし次の瞬間、「まさか！」と頭によぎったまさかは、そのまさかでした。つまり、師僧の「頑張ってね」は、「自分で導師をしなさい」ということだったのです。

すぐに「導師なんて、無理無理無理！」と腰が引けましたが、住職になるとは、そういうことです。そもそも、「導師が無理」などという住職がどこにいるでしょうか。聞いたことがありません。まだまだ自分の中に甘えた気持ちがあること、覚悟が足りないことを痛感しました。それでも、その日はやってきます。師僧にのみ入れ式の作法を教えていただき、なんとか式を執り行うことができました。

寄進札

もうひとつ、松久宗琳佛所では寄進札の製作もお願いすることになりました。堂内に掲示される寄進札は長方形のものが一般的ですが、道心寺では寄進札を蓮の花びらの形とすることにしたのです。

なぜそのような計画になったのかというと、きっかけは、岡山ですすめられている「天台宗常住寺復興プロジェクト」でした。このプロジェクトは天台宗の高僧・葉上照澄大阿闍梨が住職を務められた名刹「常住寺」を復興させる取り組みで、私も賛同者の一人です。

常住寺復興プロジェクトでは、三千佛堂の奉納者に「木端佛(こっぱぶつ)」を授与されてきましたが、その木端佛に使われていた木というのが、現在、大改修が行なわれている比叡山延暦寺の根本中堂で使われていた霊木「楓」でした。なんと！　その霊木を、復興プロジェクトに落語上演という形で携わらせていただいたご縁から、分けていただけることになったのです。感謝してもしきれない、本当に有難いお話しでした。

霊木を分けていただけることが決まると、佳遊師から「せっかくなので、寄進札を花びらの形にしてみてはどうでしょう」とご提案をいただきました。見本として見せていただいた花びら型の寄進札には、なんともいえない柔らかさと優しさがありました。

根本中堂の改修中だからこそいただけることになった霊木とのご縁。

そのご縁をさらに鮮やかにしてくださった佳遊師とのご縁。

様々な有難いご縁が、新たなご縁の花を咲かせます。

第十六話

良縁あれば悪縁あり？

良縁を実感する日々の中で、悪縁が忍び寄ることもありました。新寺建立を発表すると、頼みもしないのに様々な人が近寄ってきたのです。

まず接近してきたのは、マルチ商法と思われる会社の〝会員〟である女性でした。

「私たちのセミナーの仲間になれば、ご寄進なんてすぐに集まっちゃいますよ！」

といいます。ご寄進が集まらないことには始まらないのは事実でしたが、そこに「資金集め」を前面に押し出す人が携わろうとするのは、なんともいえない気持ちになりました。

確かに、仏典を紐解けば、お釈迦さまの活動にも資金面でのスポンサーがいたことが分かりますが、それとは百八十度わけが違います。お金は必要でも、あきらかに仏道とかけ離れた人と手を組むことは、まさに「衣食の中に道心なし」で、私が最も嫌う行為でした。

しかも、そのセミナーの代表者は、偉人の名言を少しアレンジして、さも自分の言葉のように語っている人です。絶対に関わりたくないタイプでした。

また、他にも「公演依頼」とする電話を事務所にかけてきて、

「もし、うちでタダで落語をしてくれるなら、お寺の宣伝もしてあげますよ！」

と……ストレートに言えば出演料を払いたくないだけの酷い「ご依頼」もありました。

新しいことを始めようとすれば、必ずこのような人たちが寄ってくるのでしょうが、やはり、自分の想いを利用されようとするのは気分の良いことではありません。

しかし、こんなものは序の口で、もっとひどい悪縁が私を待ち受けていたのです。

保険の診断

その日、仕事の関係でとある場所を訪れると、落語会で何度か見たことのある顔に出会いました。男性は、私を見つけるなり親しげに話しかけてきます。

「まるちゃん！　お寺建てるねんてな！　わし、仕事がらお寺のことも色々と手伝えるし、応援するで！」

正直、その満面の笑みは、親しげを通り越して馴れ馴れしく、不快感を覚えるものでした。なぜ、お寺のことを応援すると言われているのに、こんな気持ちになるのでしょう？　実はその不快感は、私の警戒心が発するアラートだったのです。

早速、私はこの男性Aさんについて過去の記憶を辿ろうとしました。しかし、やはり顔を見たことがある程度で、人物像はもちろん、どんな仕事をしているのかも知りません。

するとAさんが、「今、こんな仕事してるねんけどな……」と名刺を差し出しました。そこには、「保険」「診断」という文字が並んでいます。私が名刺を確認していているうちにサラサラっとメモ書きをしたAさんは、それを私に手渡すと、「詳しくはまた道心寺プロジェクト事務局に連絡するし、ここに書いてあること頼むな」

と去っていきました。

メモ書きを見ると、こんなことが書いてありました。

《建物の前の所有者が入っていた保険会社の確認》

割烹・若松が、私の買い取る以前に加入していた保険会社を確認しろというのです。不思議に思い、少し様子をみることにしました。

詐欺

数日後、Aさんから「保険のことで建物を実際に見てみたい」と連絡がありました。こちらが断る隙も与えず、強引に道心寺の予定地にやってきたAさん。そこで初めて目的が分かったのです。Aさんが言いました。

「保険というものは過去に遡って請求することが出来るんやけど、この建物をよく見ると、壁に小さなヒビが入ってるやろ？　このヒビ割れは一昨年の台風や地震で出来たもの……『かも』しれんよな？　もし、これを前の持ち主さんが保険会社に請求してなかったとしたら、損壊部分を調査して、このヒビはあの地震のもんや、これは台風のせいやと〝交渉〟して、保険の請求をすることができるねん。で、その保険請求は専門の人間でないと難しいから、それを代理でしてあげるのがわしの仕事やねん。この様子なら二百万円はいけるわ」

これを聞いて、「ええ?!」と思いました。なぜならそのヒビは、あきらかに地震や台風で出来たものではなく、月日とともに自然にできた劣化だったからです。それを無理やりお金にするって、詐欺と違うの？？？

Aさんが続けます。

「お寺の仏壇・仏具代と改修費用に三千万円かかるんやろ？　それやったら、絶対やったほうがええ。さっきも言うたように二百万ぐらいにはなりそうやから。

でかいやろ？　ほんで、こっちの手数料は半分の百万円でええから」

手数料が五十パーセントって、どんな悪徳商法やねん‼

「絶対におかしい！」と思った私は、すぐに消費生活センターに電話で相談をしました。するとやはりこれは詐欺の一種のようで、数年前から流行っているものだといいます。パターンは少し違いますが、今後も被害に遭わないためにと、相談窓口の方が主な手口を教えてくださいました。その主な手口とは……。

まずは、台風などで被災した家を「保険」「診断」「代行」もやっている「工事業者」が訪れます。そこで、被災者に対し「点検無料、見積もり無料」をうたい、「あなたに代わって保険金の代理請求をします。そのお金でお宅の屋根を直せる《可能性》があるので、うちで工事をしませんか？」と売り込むのだそうです。

被災して困っている人にとっては地獄に仏。契約書にサインをしてしまうのも無理もない話しです。その後、実際に工事がはじまると「この部分は保険で賄える部分ではない」などとして、結局、自費で工事をさせ、解約するなら違約金がかかるなどとして解約させないというものでした。

この酷い手口を聞くなり「謎かけ」をやっている場合ではありませんでしたが、

困っている人に「慈悲」と見せかけた「自費」工事をさせるとは、これいかに！と思いました。

今回、私は消費生活センターへすぐに相談したため事なきを得ましたが、場合によっては保険会社から、業者だけでなく依頼主も一緒に訴えられることもあるといいます。危うく、新寺建立の大切な門出に詐欺の片棒を担がされるところでした。

今後もこのような悪縁が忍び寄ることがあるかもしれません。だからこそ、お寺を守っていくためにどんなときも忘れてはならないのは、欲を出さないこと。

どれだけ大変でも、必要なものは必ず仏様が与えてくださいます。

第十七話

山号「不軽山」

天台座主猊下からのお年玉

尊いご縁をいただき、第二五七世天台座主・森川宏映猊下から山号「不軽山（ふぎょうさん）」を賜った令和二年一月初旬。

「お年玉」とはそもそも「歳神さま」の新年の「魂」を分けてもらうことをいいましたが、年明け早々にいただいた山号は、まさに天台座主猊下からの至極の「お歳魂」でした。

それは、「新年の魂」ではなく、「信念の魂」だったのです。

「不軽山」——はじめてこの文字を見る人は、「不」という漢字に違和感を覚えることでしょう。しかし、この「不軽」こそ、菩薩道を歩まんとする者にとって、不可欠な魂であり、道心寺そのものでした。

「不軽」とは、お釈迦さまの前世のお姿のひとつである「常不軽（じょうふぎょう）菩薩」さまのことだったのです。

常不軽菩薩

法華経の第二十品において説き明かされる常不軽菩薩さまは、読んで字のごとく「常に軽んじない仏さま」でした。老若男女問わず、すべての人に「仏性」——つまり、仏に成る、悟りを開く種があることから、どんな人も「いつか仏に成る人」として、「我れ深く汝等を敬う」と合掌礼拝し続けたのです。ときにはその清らかな姿に石を投げるひねくれ者もありましたが、常不軽菩薩さまは「それでも私はあなたを軽んじません」と人々に礼拝し、敬い続けたのでした。

比叡山に伝わる千日回峰行は、常不軽菩薩さまの精神で、山川草木をみな「ほとけ」とし、すべての生命に合掌をしていく礼拝行です。

また、法華経に生きた宮沢賢治の代表作の一つ、『雨ニモマケズ』のモデルとなったのも、常不軽菩薩さまであるといわれています。

法華経は、お釈迦さまが「わたし」という人間を肯定してくださる教えです。つまりこれは、見方を変えれば自分の嫌いなアノ人も、お釈迦さまからは肯定されている命ということになります。そう考えると、お釈迦さまが肯定している人間を、なぜ私たちが人間同士で否定し合うことなどできましょうか。

誰かを否定したり、馬鹿にすることは簡単ですが、肯定するのはとても難しいことです。しかし、「実践の仏」である常不軽菩薩さまは、それを人間の性と諦めることなく、相手を敬う心を持ち続けることこそが悟りの道への第一歩なのだと示されたのでした。

このたび、山号を授けてくださった天台座主猊下からは、

「常不軽菩薩の精神は、己を忘れて他を利する、伝教大師の『忘己利他』の御心に通ずる。道心寺は『抜苦与楽』を目的としていると聞く。人々と常に向き合い、大切にすること、敬うことを忘れないで欲しい。その心で、世の中を明るくして欲しい。そのような思いから『不軽山』と名づける」

と、有難いお言葉をいただきました。さらに天台座主猊下は、私が仮称として考えていた「道心寺」という寺院名にも頷いてくださり、正式に道心寺となることが決まったのです。

一人一人の命、その存在が大切にされる世の中を願うお寺に与えられた尊い山

号と寺号。

「不軽山道心寺」だなんて、なんだか貫録じゅうぶんで、まるで何百年も昔から存在するお寺のようにも思えてきます。名前に負けず、かといって、気負いすることなく、「不軽山」というこの山で、自分らしく一隅を照らしていくことを改めて誓いました。

仏さまは、誰一人として軽んじることはありません。宮沢賢治が願ったように、私もまた、そういう人になりたいのです。

第十八話

道心寺の目指すお悩み相談

死にたかった私

「私も昔、死にたかったんです」――そう話すと、「団姫さんに限って、そんなことあります?」と、よく笑われます。でも、嘘ではありません。十代の頃、私は死んでいないだけで、生きてるとはいえないような日々を一年ほど送っていました。僧侶としての活動の原点は、ここにあります。

それは、高校二年生のときでした。当時、私の本名は「鳴海ハトル」といいました。ちょっと変わった名前ですが、エジプト好きの両親がつけた、エジプトの民間信仰で愛と喜びの女神とされる「ハトル」女神からつけられた名前でした。

当時はインターネットが普及し始めた頃で、あるとき、情報収集のためインターネットカフェを訪れた私は、自分と同姓同名の人が世の中にいるか、検索してみたのです。すると、私以外にもう一人、世の中に「鳴海ハトル」なる人が存在することが分かりました。正確にいうと、「鳴海ハトル」を名乗る人物だったのです。

調べていくと、それは漫画家のペンネームとして使用されていました。漫画の内容は、男性同士の性的な交わりを描く、いわゆる「同人誌」です。その「鳴海ハトル」なる人が発行している書籍は約一万部にのぼり、私は自分の全く知らないところで同人誌を描く人物となっていました。

すぐに出版社に問い合わせをすると、出版社のほうも相当驚いていました。まさか「鳴海ハトル」という戸籍名を持つ女子高生が存在するとは思ってもみなかったのでしょう。すぐに「鳴海ハトル」に確認し、連絡するとのことでした。

その後、「鳴海ハトル」を名乗る人物から連絡がきました。

弱弱しい声で話す彼女は、群馬県に住む二十四歳の女性だということ。私が中学生のときに本名で出演していたＮＨＫ『中学生日記』を見て、「この名前をそのままペンネームにしよう」と安易に考えたこと。どこに確認するでもなく、使用しはじめたこと。反省の色など微塵も無く、ペンネームを変える気もないこと。出版を差し止めるつもりもないことが分かったのでした。

このままでは、この本を見かけた人に私がいやらしい漫画を描いている人物だと思われてしまいます。落語家になりたいのに、師匠にいらぬ誤解を招き、入門に響く可能性だってありました。そこで友人に相談すると、ショックな答えが待っていたのです。

「ごめん、私、それ知ってる」

聞けば友人は、やはり珍しい名前である私と同姓同名の人物がいないか、遊び半分でインターネットを開いたところ、この漫画に行きついたとのことでした。それなら教えてくれたら良いのにと言うと

「内容が内容だから、『えっ！　ハトルちゃんてこんなエッチな漫画描いてたの？』と思って、聞けなかった」

と言うのです。すでに、私は友人から、自分の全く知らないところで「いやらしい漫画を描いている人間」として認識されていたのでした。もちろん、自分が責任を持って、自分の仕事として誇りを持って描いているものであれば、それがたとえ性的な内容であったとしても、それは私が批判するものではありません。しかし、自分の意図しないものが、自分の行いとして世間に認識されている、しかも、女子高生の自分が性的な漫画を描いていると思われる苦悩は、とてつもないものでした。

鬱状態の日々

友人は、決して悪くありません。それでも、共に楽しく過ごしていた時間の中で、内心では「いやらしい漫画を描いている人」と思われていたのだと思うと、そんな自分が恥ずかしくて、気持ちが引きこもってしまいました。

その後、この事件は「パブリシティー権の侵害」を争点に民事裁判をすることになりましたが、裁判へのストレスをはじめ、周囲の人から、自分の存在とイコールである名前を不本意に奪われた苦しみを深刻にとらえてもらえない辛さが私の心を蝕みました。なかには

「漫画家にペンネームとして使って貰えるなんて有名人になって良かったな〜」

などという、一ミリも笑えない、悪趣味な冗談を浴びせる人もいて、そのうち、人と話す、関わることが億劫になっていきました。

大好きな名前が、大嫌いな名前になってしまったショック。

それでも、毎日顔を合わさなければいけない名前、毎日呼ばれなければいけな

い名前が、私に「死ぬしかない。こんな名前で生きていけるはずがない」と語りかけてきました。

気が付けば鬱状態になっており、ストレスが原因と思われる「心臓神経症」を引き起こしていました。死にたい日々が続いていたのです。そして、死にたいと思っていたこともしばらく気が付かないほど、精神がまいっていました。

何度も死のうと思いました。鳴海ハトルという名前で生きていくのが恥ずかしくて悔しかったから。そして何より、両親がくれた大切な名前を憎まなければいけなくなった自分が嫌だったからです。

お釈迦さまがいなければ

あるとき、今日こそ本当に死のうと思いました。二月の寒い日だったと思います。しかし、私が今もこうして生かされているのは、お釈迦さまの救いに他なりません。

この出来事が起こる約一年前、私は幸いにも法華経に出会いました。お釈迦さまはお経を通じ、「私はあなたの人生を応援しています」と教えてくださったのです。そのときの感動は、教えに「出会う」というよりも「再会」したかのような不思議な喜びでした。しかし、名前の一件があり鬱状態になると、その喜びも遠い昔のことのようで、だんだんと、なにも考えられない、考えたくもないような日が多くなっていきました。

そして、今日こそ死のうと思ったあの日。もう終わろう、もう終わらせようと思った瞬間、本棚にあった法華経の本が視界に入ると、お釈迦さまのお慈悲を知った日の感動が強烈に蘇ってきました。気が付けば、申し訳ない気持ちでいっぱいになっていたのです。

「お釈迦さまは私の人生を応援してくださっているのに、私が死んだら、お釈迦さまが悲しむ……！」

そこで、死ぬのをやめたのです。お釈迦さまのお慈悲に、応援に、生かされながら応えなければと思い直しました。

その日から、「こうやって、誰か一人、たった一人でも、自分を想ってくれている存在があれば、もう、誰一人として自死しなくて済むのではないか」と考えるようになりました。私の場合はお釈迦さまでしたが、誰かにとっての「たった一人」は「イエス様」でも「アラーの神」でも、「八百万の神さま」でも良いのではないかと思ったのです。

「信仰は、自死を思いとどまらせる力を持っている」――私の行きついた答えは、決して、すべての人に当てはまるものではないかもしれません。それでも、今、苦しみを抱えている人が、信仰によって一人でも救われるのであれば、私の役割はそれだと確信しました。だからこそ、「信仰心を持つと、人生が豊かになりますよ」とすすめるのです。

当時、すでに「落語家」と「僧侶」の夢を持ってはいましたが、その時になりたかった「僧侶」は、信仰の延長線上にあった憧れのようなものでした。しかし、希死念慮との闘い、苦しみの先に私が目指すことになった「僧侶」は、自死を防ぎ、人の心に寄り添う、みんなが幸せになれる道としての「信仰心のすすめ」を行う僧侶でした。

「名前を奪われた」、人によっては「たったそれだけのこと」とされてしまうような理由で死にたかった私は、その後、様々な人の「苦」に出会うなかで、苦しみの原因や深さは人によって千差万別だと知るようになりました。同じ現象が起こっても、気にもとめない人もいれば、人生を揺るがすような衝撃を受ける人もいます。だからこそ、どんなお悩みも軽んじることがあってはいけない、私も苦しかったからこそ、全力で、誰かの苦しみに寄り添いたいと思うようになりました。

私自身が一番苦しいときに求めていた「寄り添い」は、「共感」です。

本気でその人の苦しみに頷いて、一緒に涙を流してくれる人を探し求めていました。教えや導きを目的とした言葉はもちろん大切ですが、まずは、なにより、「大変やったね」と共感して欲しかったのです。道心寺では、そういう寄り添いの場としてのお悩み相談を目指しています。

第十九話

防災とぬいぐるみ供養

道心寺は、苦を抜くためのお悩み相談、そして、笑いで豊かな心になっていただくための落語以外に、「地域の防災拠点」という目的を持っています。

防災拠点としてのお寺

きっかけは、二〇一一年三月。あの日、東日本大震災が発生すると、多くの人々がお寺を目指しました。「お寺へいけば、なんとかなる」という思いから、気が付けばお寺へ避難していたのだといいます。大きな津波のあと、そのまま避難所となった寺院では、住職たちがリーダーとして立ち回り、人々の心、そして生活に寄り添うこととなりました。そのようなことから、東日本大震災以降、仏教界では今後も発生が予測される大災害に対応できるよう、僧侶が「防災士」の資格を持ち、お寺に安心して避難していただける体制作りがすすめられてきたのです。

現在、この取り組みは宗派を問わず行われており、日々、防災士の資格を持つ僧侶が誕生していますが、私はこのような先輩方をお坊さんなだけに「〝坊〟災士」と呼んでいます。

そして、私自身もお寺を建てるにあたり防災士の資格を持つべきだと考えてきましたが、どうしても仕事の関係で試験を受けられない日々が続いていました。するとあるとき、夫の大治朗が「団姫さんのかわりに、僕が防災士になりましょうか？」と言ったのです。

実は、私たち夫婦が結婚した日は、東日本大震災の当日――つまり、二〇一一年三月十一日でした。なぜ、大安でもない、平日の金曜日であるその日にわざわざ結婚したのかというと、その日は、夫の三十三回目の誕生日だったのです。結婚初日から国難を目の当たりにした私たちは、防災のことを話しあう日々から結婚生活をスタートさせました。

それからというもの、夫は毎年、三月十一日の誕生日と結婚記念日を迎えるたびに、なにか自分にできることはないかと問い続けてきました。そのような日々の中で、なかなか防災士の試験に行けない私を見るうちに、自分が防災士になってはどうかと考えたといいます。

それならば！　と、クリスチャンでありながらお寺の手伝いもしてくれる夫に

「防災担当」を託すと、半年後、夫のもとに防災士の合格通知が届きました。その通知が届いたのも、不思議なことに三月十一日でした。

備蓄にも一工夫

地域の防災拠点を目指す道心寺では、食料の備蓄はもちろん、災害時に必要なものを順次揃えていきたいと考えています。特に、災害備蓄として見落とされがちなオムツや、女性用の生理用品なども、大切な備蓄の一つです。

近年では、「やっと」と言うべきか「未だに」というべきか分かりませんが、災害の現場で女性用の生理用品の必要性がなかなか理解されないことが問題になっています。しかし、私は自分自身も女性の体を持つため、それが衛生を保つためにどれだけ必要なものかを知っています。衛生管理は命に関わることですから、恥ずかしがることではありません。ご近所さんに「緊急時、道心寺へ行けば食料があるらしい」と知っていただくことはもちろん、「道心寺へ行けば、生理用品が手に入るらしい」という安心を得ていただきたいと考えています。

防災士の資格を持つ夫の知識と、怖がりだからこそ「備え」に敏感な私とで作る、防災拠点としてのお寺。防災という面でも大切な命に関わらせていただく、そんなお寺にしていきたいと思います。

ぬいぐるみ供養のねらい

もう一つ、道心寺で計画していること。それが「ぬいぐるみ供養（人形供養）」です。

「ぬいぐるみ供養をしたい」とお坊さん仲間に話すと、たいがい、「え？　なんで？」と不思議な顔をされますが、実はここには大きな「ねらい」があるのです。

そもそも私が「ぬいぐるみ供養」をしたいと考えたきっかけは、自分自身の「ぬいぐるみ好き」にありました。有難いことに夫も大のぬいぐるみ好きであるため、今では自宅に二百人（匹？）以上のぬいぐるみが住んでいます。そんな環境で育っている息子も、もれなくぬいぐるみ好きです。

その様子をしょっちゅうブログなどに書き込んでいるうちに、いつしか「ぬいぐるみを貰ってもらえないか？」、「ぬいぐるみ供養をしているお寺を知らないか？」というご相談が増えていきました。

しかし、調べれば調べるほど、「ぬいぐるみ供養」を行なっているお寺が少ないことが分かり、そうこうしているうちに、「団姫さんが将来お寺を建てたら、そこで供養をしてもらえると助かる」というお声をいただくようになったのです。

正直いうと、はじめはあまり乗り気ではありませんでした。しかし、私は仏教界一のぬいぐるみ好きですから、真心込めて、ぬいぐるみたちを供養させていただくお約束ができます。そう考えると、ぬいぐるみ好きなのだからやってみるのも良いかもしれない、むしろ、やるべきだという気持ちが湧き起こってきました。

子どもたちの相談窓口としてのお寺

ちょうどその頃、私は将来自分が建てるお寺を、子どもたちの「いじめ」や「虐待」、そして「性被害」などの相談窓口にもしたいと考えていました。そのため、関係機関との連携を深めるため様々な活動に参加していましたが、あるとき、「子どもたちの相談窓口」としての道心寺と、「ぬいぐるみ供養」を行なう目的が繋がったのです。

それは以前、とある葬儀会館で行われた落語会へ出演したときのことでした。そこでは落語の前にイベントの一つとして人形供養が行なわれていたのですが、会場には人形やぬいぐるみの処分に悩む方が大勢来られていました。来場者を見渡すと、その大半が、親子、または祖父母と孫という組み合わせです。会館の方にお話しを聞くと、人形供養の参加者はいつもこのような顔ぶれとのこと。そこで、ぬいぐるみ供養をすると、子どもさんが沢山来てくださることが分かりました。その瞬間、「ぬいぐるみ供養が、子どもたちと関わる最大のチャンスになるのではないか！」と閃いたのです。

うまくいけば、ぬいぐるみ供養という優しいご縁を通じて、子どもたちに「なにかあったらお寺に来て！　なんとかなるから」と伝えることができます。

子どもであっても様々な気遣いが要求され、息苦しさを感じる現代社会において、「お寺の住職」は、なんの力関係もなく、そして大人も子どもも関係なく、一人の人間対人間として、対等に話しをできる「しがらみのない大人」です。

子どもたちの心の成長と命の安全を守るためには、そのような存在も地域に必要なのではないでしょうか。

寄り添うためには、まずは繋がらなければいけません。

ぬいぐるみ供養は、その繋がりを作る、私の大切な「ねらい」の一つなのです。

第廿話

はじめまして、ご本尊様

新型コロナに阻まれる日々

新型コロナウイルスの感染第二波がまだ息を潜めていた令和二年七月中旬。私は、再び京都の地に立っていました。四か月前に彫りあがったご本尊様のもとへ御挨拶に来たのです。

本来であれば、すでに道心寺へお迎えしていたはずの明星観音様。しかし、工事の延期を余儀なくされたことから、本堂完成までの間、松久宗琳佛所で預かっていただくことになったのでした。

思い起こせば、その日はコロナショックの影響で道心寺の工事延期を決断してから五か月が経とうとしていました。この間、四月八日からは史上初の緊急事態宣言が発令され、公演の仕事は軒並みのキャンセル。中には来年の仕事のキャンセルの電話まであり、収入は九割減。それでも、生きることは待ってはくれません。毎日自宅で新聞やコラム連載の原稿を書きながら、その原稿料でなんとか生活費を賄い、夫と息子の命を守るため、必死な日々を送っていました。

世の中では経済が最悪の状況を迎え、失業者が続出。世界中の有名企業が次々と倒産し、オリンピックは延期。あらゆる人の予定という予定が、どれもこれも、変更を余儀なくされていったのです。

「コロナ禍」――そう呼ばれる状況の中で、例にもれず身動きできなくなった道心寺の建立でしたが、今こそなにか出来ることはないか、模索していました。周囲から「こんな状況なのだから、焦る必要は無い」といわれても、ただただ指をくわえて嵐が去るのを待つだけなら、ホンモノのお寺になどなれないと思いました。

オンラインでのお悩み相談

そこでまず始めたのは、オンラインでのお悩み相談でした。新型コロナの影響が大きくなればなるほど精神的に不安定な人をＳＮＳで見かけるようになったため、「本堂はなくても、オンラインでお悩み相談をしよう」と考えたのです。

一人当たりの相談時間は約三十分。毎日、様々な方からオンライン相談をいただき、まるで旧友と話すかのようにお喋りをしました。中には、以前、学校寄席で私の落語を見てくれた学生さんもいましたし、海外在住の日本人の方から「相談ではないんですが、久々に日本語で楽しくワーっと喋りたいなと思って♪」と、ご予約をいただくこともありました。しかし、深刻な話しも決して少なくはなく、「死にたいんです」という第一声を聞いた日には、一刻も早くお寺を建てなければ、という思いに駆られました。人間同士を簡単に繋げてくれるインターネットはとても便利なものですが、直接会って言葉を交わす、同じ空気を吸う、ともに時間を過ごすことがどれほど貴重で尊いものであるか、身に染みた瞬間でした。

ソーシャルディスタンス亭

「コロナ禍が去るまで道心寺は身動きできない」――そう諦めかけていた私の気持ちに変化が訪れたのは、一度目の緊急事態宣言が解除された令和二年、五月下旬のことでした。その頃、世間は六月一日から「通常営業」を再開しようとしていたため、当たり前のように、上方落語協会の寄席「天満天神繁昌亭」も公演を再開させるものと期待していたのです。ところが、ソーシャルディスタンスや「密」を避ける観点から、繁昌亭のすぐの再開は難しいと判断され、結局、再開見込みは七月一日となったのでした。ホームグラウンドである繁昌亭の一か月の再開延期は、出番の有る無しに関わらず、噺家の気持ちを落ち込ませ、また同時に落語ファンのお客様にもため息をつかせました。

「落語をしたい人と、落語を聞きたい人がいる」――そこで、まだ手付かずの道心寺でなにかできることはないかと考え、本来であれば六十名は入る本堂予定地に、十五席限定の客席を設け、期間限定の臨時寄席を開催することにしました。そうと決まればネーミングです。こういうものは、分かりやすさが一番。「ソーシャルディスタンス亭」と名付けると、これは面白いと新聞やテレビが取り上げてくれました。「落語家と落語ファンのための笑いのリハビリ」を目的としたこの取り組みは繁昌亭が再開するまで続け、お客様とのこれまでにない絆を結ぶことができました。

もちろん、この臨時寄席の開催には若干の迷いもありました。もしも、このソーシャルディスタンス亭で集団感染と呼ばれるクラスターが発生した場合、お客様の命はもちろん、本来の目的である寺院建立に大きな影響を及ぼす可能性があります。そして、本当は開山までは場所を立入禁止としておきたいというのが本音でしたが、「出来上がっていく段階をありのまま見ていただくのも寺づくりの一つ」と思い直し、開放することを決めたのです。

人生は、いつもいつも、頑固な自分との譲り合いです。「予定を変更する勇気も成長の一つ」、誰が言っていたのか、その言葉は私のような人間にとって良薬でした。

「オンライン相談」と「ソーシャルディスタンス亭」。この二つの活動は、私に「やはり、なんとか駒を進める方法はないか」と、考え直すきっかけを与えてくれました。

この時点で集まっていたご寄進は、約千二百万円。合計三千万円かかる工事の着工目安を「二千万円」と改めたのは二月のことでしたが、その内訳というと、半分が内装工事費、半分が本堂の仏壇仏具費用です。それならば、一度に内装と本堂の工事をスタートさせるのではなく、まずは内装だけはじめてみてはどうかと考えました。

応援してくださる方々に、進んでいる、動いている、そんな姿を見ていただきたい一心でした。すぐに宮崎建設へ電話をすると、七月、ご本尊様の縁日である十三日に内装工事着工となりました。

はじめまして、ご本尊様

工事の着工が決まると、私はやっと京都まで足を延ばす決心がつきました。本来であれば、彫りあがった時点でお顔だけでもすぐに見に行かせていただくべきでしたが、潜伏期間が長く感染力が強い新型コロナという未知のウイルスへの対応は「自分自身も感染している可能性がある」という前提で行動することが求められます。そこで、緊急事態宣言が解除されてもなかなか動くことが出来なかったのです。

早く早く、会いたくて会いたくて仕方のなかったご本尊様。でも、本当は少し怖かったのかも知れません。いつお迎えにいけるか分からないご本尊様に御挨拶に行くことが。

それでも、内装工事着工のおかげでやっとご本尊様に一歩前進のご報告ができることになった私は、その日、阪急電車に乗ることができました。のみ入れ式の時とは違い、観光客が遠ざかった京都は、古都の空気を取り戻しているようにも感じました。爽やかな暑さ、穏やかな鴨川。青い空が映えるすっぴんの京都。松久宗琳佛所に到着すると、いよいよ、対面です。大切に包まれた布の中からご本尊様がお姿を現しました。

「生きておられるようだ」

そのお顔を見た瞬間、私ははじめて赤ちゃんを抱くときのように手が震えました。

優しくて、力強い。厳しさの中に溢れる慈悲深い眼差し。すべてを包み込む光が放たれていたのです。まだ開眼法要も済ませていません。そのような状態で「生きておられるようだ」と表現することが正しいのかどうか分かりませんでしたが、それが、正直な気持ちでした。

これまで出会ったどの仏様とも比べ物にならない、いえ、比べる必要などない、世界にたったお一人だけの、素晴らしきご本尊様。

「このご本尊様に出逢えただけでも、生まれてきて良かった」――ただただ、そう思いました。

お釈迦さま、私、こんなにも沢山の感動をいただいて良いのですか。私はお釈迦さまの教えに出逢わせていただいただけでも、本当に胸がいっぱいになったのです。それなのに、何度も何度もいただくこの喜び、必ずや、多くの人へのご縁として広げていきます。

光背との異色の組み合わせ

その日は感動しすぎて、なかなか眠ることができませんでした。佳遊先生のお言葉を思い出すと、さらに感動が深まります。

「この仏様は檜で出来ていますから、少しずつ年月をかけて色合いが濃くなっていきます。だから、一日として同じお姿の日はないのですよ」

そういえば、平成三十年に神戸新開地に開館した寄席「喜楽館」の檜舞台をはじめて見たとき、その十二年前にオープンした繁昌亭の檜舞台がいかに味わい深い色に変化していたかが分かったことを思い出しました。

こけら落としのあの日、あの時の繁昌亭の檜舞台が成長していったように、ご本尊様も日々、そのお姿を極めていかれるというのです。

世間では「三十三歳」という私は小娘なのかオバサンなのか一体全体よく分かりませんが、僧侶としては完全に若手です。その若手である私がこのご本尊様とともに年月を重ねていける、一緒にスタートをさせていただけるという喜びに、何度も布団を抱きしめました。

そして、「光背」についても、なんともいえない親しみを感じていました。実はご本尊様の光背は檜ではなく、例の根本中堂の霊木「楓」で作られたものだったのです。

佳遊先生曰く、本来は仏像も光背も同じ木材で彫るところ、異色の取り合わせにしてみたためどのような感じになるかと思っていたが、とても良い雰囲気になったということでした。

確かに、全く違う木材同志で、それぞれにインパクトもあるのに、驚くほど喧嘩をしていません。この「異色の取り合わせ」は、なんだか、「落語」と「僧侶」という二つの「異色の取り合わせ」の生き方をする私を肯定してくださるようでした。

いいえ、私だけではありません。そもそもどんな人間も、両親という違う人間同士の『異色の取り合わせ』からスタートしているのですから、怖気づくことなどないのです。ご本尊様はそのお姿をもって、私たちを肯定してくださいます。

匠の技という伝統が生みだす感動と、異色の取り合わせが生むオリジナル。すべての人の生き方を応援してくださる仏様が、ついにお姿を現しました。

涙

それにしてもちょっとお恥ずかしい話しですが、実は私、ご本尊様のお顔を見た瞬間、先の見えない日々に相当なプレッシャーを抱えていたのか、色んな思いが込み上げてきて、思わず涙が出てしまいました。いつも笑顔で明るく振る舞わなくてはと気を張っていたのですが、自分でも知らず知らずのうちに、コロナ禍との戦いに疲れ果てていたのです。

京都から帰ると、その涙を見ていた夫の大治朗が言いました。

「団姫さん、今日、団姫さんが思わず泣いてしまう気持ち、よく分かりましたよ」

「そう……？　うん、なんか、うん、そやねん」

「それで僕、思い出したことわざがあるんです」

「ことわざ？」

「はい、これがホンマの、『鬼の目にも涙』か、って（笑）」

このやりとりにより、夫は見事、道心寺の草むしり係に任命されました。

第廿一話

住職としての約束

トシヤさんの死

トシヤさんが亡くなったのは、あたたかな冬の日のことでした。妻・マサミさんから連絡を受けると、仲睦まじいご夫婦の様子が思い出され、居ても立ってもいられなくなりました。

マサミさんとは、もともとお寺での落語会を通じて知り合いました。マサミさんが私の仏教落語を気に入ってくださり、そこからはじまったSNSでのやりとり。新型コロナの影響で自粛生活を強いられるようになってからはたびたびオンライン通話で話すようになり、道心寺建立を心から応援してくださいました。そんなマサミさんからいつも聞こえてきたのは、夫であるトシヤさんとのこと。優しく仕事熱心なトシヤさんを心の底から愛しておられることは、パソコンの画面からもじゅうぶんに伝わってきました。

なぜそのようなご夫婦に、病は忍び寄ったのでしょう。定年退職まであと数年だというのに、トシヤさんは闘病生活を余儀なくされたのです。

その頃の道心寺はというと、内装工事が終わり、あとはご寄進を募りながら仏壇仏具を整えるのみ、という段階でした。「のみ」といっても、仏壇仏具にかかる費用は約千五百万円ですから、開山まではまだまだ遠い道のりです。それでも、やっと身内以外にも建物内に入っていただける状態となったので、開山はまだでも、道心寺の目的のひとつである「お悩み相談」だけは先行スタートさせることにしました。

なぜそこまでお悩み相談を急いだのかというと、それは令和二年という年だったからです。

この年は本当に大変な年で、夏以降、人気俳優さんが相次いで自死するニュースが流れ、世間でも、例年以上に自死を選ばざるを得ない人が続出しました。この生きづらい世の中で、すでにコップいっぱいになっていた様々な「苦」が、新型コロナによってあふれ出したかのようでした。そこで、一日も早く、一人でも多く、相談を受ける必要があったのです。

相談を始めてから一週間後、マサミさんから連絡がありました。

「お悩み相談、夫婦で行かせていただいてもいいですか？　夫も団姫さんに会いたいそうなので」

正直、トシヤさんのご体調を考えると、尼崎までの移動は大丈夫かと心配になりました。それでも、車なので大丈夫だといいます。トシヤさんのことは話しには聞いていたので、すでに知り合いのような気持ちでいましたが、実際にお会いするのは初めてです。そして、はじめてお顔を見た瞬間、私は息をのみました。

「トシヤさんは、頼みにきたのだ」

ひとこと

「お悩み相談」という名目ではじまったご夫妻との会話。といっても、話すのはほとんどマサミさんと私で、トシヤさんはそれを優しく頷きながら見守っています。夫の病を想うと自分自身もつらくて仕方がないというマサミさんに、トシヤさんは「俺は大丈夫やから」と手をさすっていました。それでも、本来は明るく前向きなマサミさんですから、暗い話しばかりではありません。他愛無い話しをしては皆で大笑いをして、「開山したら夫婦で道心寺の信者になりたい」、「開山したら、こんなお手伝いができるのでやらせてください！」と話してくださいました。

しばらくしてマサミさんがお手洗いに立つと、トシヤさんと二人きりになりました。その瞬間、トシヤさんはご自身の体調のことや今後の不安ではなく、ひとこと、言われたのです。

「妻は、団姫さんと喋っていると本当に安心するようです。妻は、団姫さんをとても頼りにしています。これからも、妻のことをお願いします」

トシヤさんが亡くなったのは、それから二週間後の穏やかな朝でした。

お葬式

亡くなる数日前のことです。トシヤさんの体調が急変したことを受けて、マサミさんから「もしものときは、お葬式をお願いできませんか」と相談がありました。どっぷりと疲れているマサミさんに「まだ先のことですよ」と念を押しながら、それでも、トシヤさんに限らずいかなる人間にもいつか「そのとき」は訪れます。どんな物事にもまっすぐに向き合われるマサミさんの相談をはぐらかすわけにはいきません。そこで、現実にそうなった場合は……と話すことになったのです。

ところが、私には少し困ったことがありました。実は私は今まで僧侶としての活動は布教を主としていたため、お葬式については導師はおろか、役僧すらつとめたことがありません。そこで、檀那寺（だんなでら）を持たず、なおかつ比叡山とのご縁を感じているマサミさんには、「もしものときはマサミさんのご自宅の近くに信頼できるご住職がおられますから、そのご住職にお話しをしてみます」とお伝えしました。

そのご住職をこんなにも早くご紹介することになるとは……マサミさんからトシヤさんの旅立ちの連絡を受けた私は、ご住職に電話をしました。ご夫婦のこと、私の事情を話すと、いつも人の気持ちに優しく寄り添ってくださるご住職が言われました。

「では、私が導師をつとめますので、団姫さんも役僧として一緒にお経をあげませんか。道心寺の信徒さんとして、お送りしましょう」

お葬式の当日、鞄に衣一式詰め込んだ私はひたすら緊張していました。マサミさんのお気持ちを想うと崩れ落ちそうだったのです。そんな私がしっかりと今日という大切な日を務めあげることができるのか、涙でどうにもできないのではないかと、不安でした。

葬儀場へ入ると、すぐさまマサミさんと抱き合いました。嗚咽するマサミさん。私も思わず声をあげて泣きそうになりましたが、その瞬間、会場から厳しい〝気〟を感じたのです。

それは、参列者席として並ぶ椅子でした。その椅子が、私の心が参列者席にあることを見抜き、「ここに座るな！」と私を叱り飛ばしたのです。

私はそのとき、住職としての自覚が足りなかったことを強烈に恥じました。それまでの私は、道心寺を建てる、つまり、自分が住職となるということを知りながらも、「私は住職になるためにお寺を建てるわけではないから、住職といってもそれはあくまでも肩書であって、お寺に集う人たちの代表という気持ちでいよう」と考えていました。しかし、その考えには「信者さんに対する精神的な責任」が抜け落ちていたのです。

住職とは、仏さまのもとへ集う人々と共にあり、寄り添うべきものですが、ときには、くじけそうな人の屈強な杖となり、道に迷いそうな人には進まんとする先に光があることを明確に示さなければいけません。私はこの日、ご夫妻の知人としての気持ちのまま葬儀会館まで来てしまいました。しかし、それではいけなかったのです。

「私は、道心寺の住職としてここに来た」――心の中で自分に向かって唱えると、マサミさんの手を握り、「今日は、しっかりとトシヤさんを見送りましょう」と力強く言いました。

それは、「私、絶対にしっかりとした住職になります」という、トシヤさんへの誓いでもあったのです。

葬儀がはじまると、背中の向こうから、愛情と感謝の気持ちがこもったマサミさんの挨拶が聞こえてきました。喪主としての務めを果たすマサミさん。私も、お二人に応えたい。大きく背筋を伸ばし、最後まで務めました。

旅立ちという形で思いがけず道心寺一人目の信徒となったトシヤさん。私は、トシヤさんに教えていただいた覚悟を忘れません。しっかりと供養していき、トシヤさんがあちらの世界でも安心して笑顔でいてくださるよう、マサミさんとのご縁をより大切にしていきます。

トシヤさんから教えていただいた住職としての覚悟。それは、トシヤさんとの、そして仏さまとの約束です。

第廿二話

マイオリルホシ

不要不急

令和三年。年明けのニュースを飾ったのは、「東京で新型コロナの感染者数が千人を超える」という、衝撃の第三波でした。

そのニュースは、ほんの一瞬戻ってきた落語や講演の仕事をたちまちのうちにキャンセルに追い込み、再び「ほぼ無職」となった私は気力を失ってしまいました。考えることすら疲れたのか、仕事がキャンセルになっても悲しみすら感じず、また、新しい仕事が入ってきても、「どうせキャンセルになるのだから期待しないでおこう」と、自暴自棄になりかけていたのです。

そのとき、私に希望を持たせてくれたのは執筆活動でした。この頃、すでに書きはじめていた本書の執筆も、やはり建立の延期により間延びするという状況で筆が重くなる一方でしたが、そのような私に新潮社の金寿煥氏が連絡をくれたのです。

金さんは、私にとって初めての編集者でした。九年前、比叡山での修行を終えた私に「本を書きませんか?」とお声掛けくださった金さんは、「文壇界」ならぬ、仏教に関する文壇である「仏壇界」を作りたいと話し、当時二十五歳だった私に歴史ある新潮新書の表紙を預けてくださったのです。

それからというもの、数々の出版社とご縁をいただけるようになったのは、金さんが新潮社という看板で私を仏壇界にデビューさせてくれたおかげに他なりません。その金さんから、「僧侶十人で、この混迷の時代を哲学する『不要不急』という本を作りたいのです」と連絡をいただいたときは鳥肌が立ちました。「不要不急」の当事者として崖っぷちだった私に、金さんが遠慮なくスマッシュを打ち込んできたのです。元・卓球部の私は、そのスマッシュを期待通り打ち返したいと、すぐさまパソコンを開きました。

執筆がはじまると、悩める人がカウンセラーに話しをすることによって気持ちを整理し、かつ前向きになっていくのと同じように、私自身も元気になっていきました。見たくもなかった憎らしい「不要不急」を整理しながら、その四文字を自分の中に取り込んでやろうという気になったのです。

執筆は順調にすすみ、最後に「笑いも仏法も、永遠に〝不朽〟だ」と文章を締めくくると、それは私から「不要不急」への挑戦状となりました。

こうして、二月下旬。『不要不急』の原稿を書き終えると共に、また少しずつ、道心寺プロジェクトが動き出したのです。

ふすま絵に描かれた祈り

春になると、一人の絵師さんが道心寺へやってきました。絵師さんの名は福井安紀先生。住職部屋の襖に、道心寺だけの「ふすま絵」を描きに来てくださったのです。福井先生は、朗らかで飾らない人柄で、私たちが当たり前に扱う日常の様々なものを、ひとつひとつ慈しみ、命を吹き込まれるような絵を描かれる方でした。問われるままに道心寺にかける想いを一通り話すと、先生の筆が襖の上に流れました。そこに描かれたのは、いっぱいの星に彩られた夜空から尼崎の街に天人が舞い降りる光景で、遠くからは比叡の山が穏やかな街を見守っていました。手前には平成三十年に再興されたばかりの尼崎城。よく見ると天人が手にしているのは三味線や銅鑼など、寄席の鳴り物です。なんとも遊び心溢れる絵が、どんどんと描かれていきました。

なかでも驚いたのが、福井先生に宗教平和への想いをお話したときのことです。先生は依頼主と世間話をしながら柔らかな空間で襖絵を描き進める創作スタイルでしたが、私がふと「尼崎えびす神社の宮司さんと喋っているときが本当に楽しくて、有り難い関係だなと思えるんです」と話すと、たちまちのうちに尼崎えびす神社と思われる大きな鳥居と社殿が描かれました。さらに、福井先生が微笑むと、夫の通うキリスト教会が優しく姿をあらわしたのです。

お寺の襖絵の中に神社も教会もあるなんて、なんと素敵なことでしょうか。この襖絵をこれから見るであろう人々が「ええやん！」と笑顔になる姿を想像すると、胸がいっぱいになりました。

私たち人間は、みんな同じ空の下で、それぞれの輝きを持っています。まだ輝き方を知らない星も、きっと、素敵なご縁によって輝けます。

完成後、福井先生が名付けた作品名は、『マイオリルホシ』。

天人が奏でるのは、これから輝く星たちの賑やかな出囃子です。

第廿三話

お寺に住まない「住」職

お仏壇の浜屋

ふすま絵が完成すると、仏壇仏具の総合プロデュースをお願いしていた関西の老舗仏壇店「お仏壇の浜屋」さんから嬉しいお話しをいただきました。「道心寺を待っている人が沢山いますから、仏壇仏具の製作をすすめましょう！」というのです。聞けば、すでに須弥壇も作り始めているとのことでした。

しかし、この時点でのご寄進総額はというと約二千万円で、宮崎建設への支払いが一千六百万円だったため、通帳残高は約四百万円です。浜屋さんへの支払い予定額には到底及ばないことを改めて説明すると、それも承知の上で、支払い猶予に「おはからい」をいただけるとのことでした。仕事の面でもご寄進の面でも新型コロナの影響を大きく受けていた私の状況に心を寄せてくださったのです。

このお心遣いには、感謝しかありませんでした。このままであれば、何年先の支払いになるか分からない、ヘタをすれば私が自己破産するかもしいれない状況です。

それにもかかわらず、浜屋さんは道心寺を待つ人たちのために動いてくださったのでした。

本堂の荘厳がすべて整ったのは六月上旬。それは天台宗のみならず、あらゆるお寺の常識を覆す奇抜なデザインでした。考えてくださったのは、浜屋の寺院営業部課長・草別善照さん。実は草別さんは天台宗の僧侶でもあるため、このプロジェクトがはじまって以来、私にとっては大変心強い存在でした。僧侶であり、仏壇仏具のプロとして、今までに何百、いえ、何千というお寺の本堂を見てきた草別さんがデザインされた本堂は、なんと、壁面全体がグラデーションになっていました。それは、ご本尊様のイメージに合わせた明星そのもので、その明星の中にご本尊様を壁付けで安置したものですから、まるでご本尊様が宙を飛んでこちらに来てくださるかのようでした。さらに、その両脇に描かれたのは、法華経の序品第一で明星観音様である普香天子さまとともに「三光天子」として登場される、日天子さまと月天子さまです。どちらもため息のでるような素晴らしい仏画で、日天子さまに関しては、思わず「道心寺だけの、イッテンもののニッテンさま！」と歓喜のダジャレが顔を出しました。

天台宗に道心寺を寄付する

本堂の荘厳が整ったことに伴い、私は天台宗への手続きの準備をはじめました。それは、宗派へ帰属するための、「天台宗へ道心寺を寄付する」という手続きだったのです。

この発表には多くの仏教関係者から「単立にすると思っていた」と驚かれました。

お寺の業界で「単立」と呼ばれる「単立宗教法人」は、伝統的な宗派や教派に属さないお寺を意味します。宗派からは独立した存在であるため、宗派の記載をせず「宗教法人○○寺」とするお寺もあれば、独自に「○○宗」として新しい宗派名を作るお寺もあります。また、住職がどの宗派で修行したかによって、「○○宗〝系〟」と説明するお寺もあり、いずれにしても、私たちが聞き慣れている「○○宗○○派○○寺」という寺院とは、少し性質が異なるものです。

では、どのようなお寺が「単立」となるのでしょうか。これには大まかに二つのパターンがあります。

まず一つは、そのお寺だけで十分に運営が成り立つ有名寺院、大規模寺院などが挙げられます。徒弟の育成や資金面など、あらゆる面で「互助」を必要としないお寺や、歴史的に見ても「宗派」という考え方が出来る以前から存在するお寺の多くが単立の形をとってきました。

そしてもう一つは、宗派にとらわれない、また、縛られない、という意味での単立寺院です。

運営に関しては、単立の場合は宗派の規則に従う必要がないため、ある意味で「自由」なお寺とすることができます。また、宗派に帰属すると、たとえ住職が私財を投げ打って建てたお寺であったとしても、その土地や建物、すべてが宗派に帰属するため、建立した人物の「財産」とはなりません。しかし、単立寺院とする場合は、そのお寺は「自分の持ち物」になるのでした。

新しく建てたお寺が「自分のものになる」か「宗派のものになるか」、これが、宗派に属するか属さないかの大きな違いといわれています。

また、活動面では、個性的な経歴を持つ僧侶は活動も個性的な場合が多いため、単立の形を選ぶ僧侶が少なくありません。そこで、落語家であり僧侶である私も、もれなく単立寺院の形を選ぶだろうと予想されていたのでした。

宗派に属したい理由

しかし、私は単立寺院にすると考えたことは一度もありませんでした。むしろ、単立にするかどうか選べるような立場ですらなく、道心寺はこちらからお願いして宗派に入れていただかないと「潰れる」と考えてきたのです。その理由はいくつかあります。

まず一つ目は、「学び」です。私のこれまでの活動は、仏教落語や法話会を通じての「布教」に特化していました。もちろん、布教を通じて自死を減らしたい、笑顔になる人が増えて欲しいという願いで僧侶となったわけですから、布教はおおいにしたら良いですし、そのチャンスをいただけることはこの上なく有難いことです。しかし、お寺の代表である「住職」となるからには、多くの仏事をこなしていかなければなりません。それこそ、ご祈願やご回向、そしてお葬儀といった仏事を信者さんから依頼されることもあるでしょう。そのご依頼にしっかりと応えられるだけの経験や知識が、私にはまだまだ足りないのです。だからこそ、師僧からの教えはもちろん、宗派に属し、「教区」と呼ばれる地域ごとの組織で行われる勉強会・研修会に参加させていただき、諸先輩がたからも多くの教えをいただく必要がありました。

跡継ぎ問題

次に、跡継ぎ問題です。私には小学校一年生の息子がいますが、今も昔も、息子を「跡継ぎ」にしようと考えたことはありません。落語にしても、僧侶にしてもです。そう話すと、「じゃあ、息子さんには旦那さんのほうのキリスト教を継がせるんですね？」と聞かれますが、そのような予定も思惑も、私たち夫婦には一切ないのです。

そもそもなぜ、子どもは親の仕事や生き方を「継ぐ」前提でしかないのでしょうか。息子は息子という一人の人間であり、尊重されるべき個としての人格を持っていて、将来なりたい職業だってあります。親である私たちも、そして息子自身も、考えていない、望んでもいない、「跡継ぎ」。

それを、「息子である」というだけで「跡継ぎ」と決めつける人の多さに正直驚いてきました。また、もれなく、そのような人たちは、「息子に継がせたいに〝決まっている〟だろうから、宗派に介入されない単立にするに〝決まっている〟」と、決めつけの上塗りをするのでした。

そこで、そのような方には息子を跡継ぎにするつもりはないと説明すると、必ずといっていいほど、「え！　それじゃあ、お寺を建てるだけ建てて、そのあとどうするの？」と次なる「ご心配」をいただきます。

でも、答えは簡単です。私にもしものことがあった場合は、天台宗から新しい住職に来てもらうのです。だからこそ、宗派に属しておく必要がありました。

もちろんこの先、縁あって僧侶の弟子が出来るのであれば、その弟子を一生懸命育成しますが、弟子が来ない場合は、宗門にお願いしてご縁を繋いでもらうほかありません。

そう聞くと、先の事情から、「それじゃあ、自分のお金で建てたお寺が自分の財産にならないのに、いいの⁉」といわれますが、そもそも私は僧侶になったときから、稼ぐお金は自分のお金ではなく、いつか誰かの命、誰かの幸せに繋がるための資金だと考えてきたため、そのお金で買った土地も、建物も、自分の財産にするつもりなどありませんでした。だからこそ、惜しいと思う気持ちも、ためらう必要もありませんでしたし、そんなことよりも、とにかく、道心寺が仏法の光を伝え続ける場所となることが大切なのです。

このような理由から、私ははじめから宗派に属することを希望してきました。そして、この理由を話す機会がなかなかなかったものですから、「個性派僧侶」、「息子」というキーワードから、「単立にするだろう」と思われることも多かったのです。そう思い込まれることに、正直悲しい気持ちを覚えたこともありましたが、私の願いや意図、そして意志を理解してくださる周囲の人たちが、その想いを「覚悟」と名付けてくださったおかげで、私は心の底から救われてきました。

お寺に住まない「住」職

「単立にしない」と同時に、私は「お寺に住まない」とも決めていました。本来であれば「住む職」と書いて「住職」ですから住むべきなのでしょうが、お寺の将来のことを考えると、私は自宅を別にするほうが良いと考えていたのです。

というのも、先ほど「宗派に属したい理由」に、私にもしもことがあったら……というお話しをさせていただきましたが、ここでもその課題が大きく関わってきました。

実はお寺の世界では、住職にもしものことがあった場合、その家族はお寺に住み続けることができません。それは、住職はお寺を預かっているだけで、決して「自宅」ではないからです。もちろん、家族も住職ではないにしても、大なり小なりお寺の手伝いをしているわけですから、無慈悲なことのようにも思えますし、現にこの制度には様々な意見や問題もありますが、私がここで取り上げたいのは、「跡継ぎ息子」を作り出した背景の一つに、この制度が深く関わっている、ということなのです。

先ほど説明したように、住職にもしものことがあった場合、家族は住む場所を失います。そこで、それを回避する方法というのが、住職の子どもが若いうちに修行へ行き、住職資格を得ておく、ということです。もちろん、この理由が子どもが僧侶となる目的の第一ではないでしょうが、これが当たり前のものとして続いていけば……お寺が「一族」で「代々」続く「家業」となっていった経緯がお分かりいただけると思います。

私自身も結婚している身ではありますが、本来、僧侶とは生涯独身が基本でした。しかし、結婚が当たり前となった日本仏教では、住職の家族もまた、お寺の維持に深く、そして複雑に関わり合っているのです。

宗派に属すると決めている道心寺に家族で住むことになれば、私にもしものことがあった場合、夫と息子は住む場所を失います。そして、そうならないことを目的として、息子を僧侶にする、また、息子が僧侶になると考えるようなことがあれば、それこそ「衣食の中に道心なし」で、それは道心ある僧侶でもなければ、道心寺でもありません。

とはいえ、これは決して跡継ぎとして僧侶になり、お寺に住む住職を非難しているわけではありません。私は今回、新しくお寺を建てるからこそ「住むか」「住まないか」を考え、選ぶ機会に恵まれましたが、ほとんどの住職はそれを選ぶ余地もないということは重々承知していますし、現にお寺に住みながら住職をされている諸先輩がたのご苦労は大変なもので、とても真似することはできません。お寺に住む住職も、住まない住職も、それぞれに、覚悟が必要なのです。

私は、私のものではない「道心寺」の第一世住職です。自分の都合、家族の生活を道心寺と結び付ければ、きっと道心寺は私の代で潰れるでしょう。そうならないために、私は「お寺に住まない住職」となり、「天台宗・道心寺」とするのです。

第廿四話

開山式

七夕の節句

ついにその日を迎えたのは、令和三年七月七日。「七夕（しちせき）の節句」と呼ばれる日でした。

本堂の荘厳が整ったタイミングで、私は予定どおり天台宗に道心寺を寄付し、道心寺が正式に天台宗の寺院と認められました。そして、六月二十二日。天台宗から道心寺の住職として任命されたため、七月に入れば開山できることになったのです。

はじめは、その大切な日はご本尊様のご縁日に合わせて十三日が良いのではないかと考えました。ところが、手帳を開くなり七月七日という数字が目に飛び込んできて、私を離さなかったのです。

「七夕の節句」は、「星と星が出会う日」です。そう思うと、ご本尊様の〝導きの星〟と、これから輝く私たちという〝衆生の星〟たちとの出会いの日にピッタリだと、胸が熱くなりました。すぐに師僧や先輩僧侶に相談すると「道心寺らしくてばっちり！」とのお返事。二年前、比叡山の元三大師堂で「重陽の節句」に観音様からＧＯサインをいただいた道心寺が、「七夕の節句」にスタートすることになったのです。

開山式

いよいよ当日。十時の開始に合わせ、信者さんやマスコミ関係者、約五十名が待つ本堂で、ご本尊様の開眼供養を執り行いました。一つ一つのご真言を丁寧にお唱えし、お経をあげていきます。このとき、私は極度の緊張の中にありましたが、驚いたのは、来賓としてお越しいただいていた松久佳遊先生でした。密教の修法は僧侶でなければ分からない内容ですが、ご本尊様を「お招き」したその瞬間、佳遊先生がご本尊様を見つめながらウンウンと頷いておられたのです。私は改めて、「御佛師」の存在に鳥肌が立ちました。

四十分にわたる法要を無事に終えると、私の中には様々な思いが込み上げてきて、挨拶のため外陣を振りむいたら、その瞬間、泣いてしまうのではないかと思いました。

ところが、私が振り返った先には、まるで結婚式かと思うぐらいの、晴れ晴れとした、光り輝く信者さんたちの顔が、気が、満ちていました。その嬉しそうな笑顔が、これまでの涙を、困難を、すべてすべて吹き飛ばしてくれたのです。

その瞬間、私の中にはじめて法華経に出会ったあの日のような、あの熱い気持ちが湧きあがりました。

「本日ここに、天台宗不軽山道心寺を開山します！」

それはまるで運動会の開会宣言のような「開山宣言」でした。

この日、入堂、退堂ともに本堂を彩ったのは、天台宗の宗歌でした。宗歌は、宗祖・伝教大師最澄様の詠まれた和歌です。

あきらけく　後（のち）の仏の　御世（みよ）までも　光伝えよ　法（のり）の灯（ともしび）

最澄様の清らかな祈りが優しい風となって、本堂に吹き込みました。

第廿五話

これからの道心寺

檜舞台に込められた「寿」の祈り

開山式の後は、道心寺の最大の特徴となる檜舞台で「開山記念落語会」ならぬ、「開山〝祈念〟落語会」を開催しました。

この日お披露目された檜舞台に掲げられたのは、「寿」の一文字。この「寿」には、妙法蓮華経の最重要部分とされる如来寿量品第十六を意味する「寿」、そして、阿弥陀如来様の別名である「無量寿」の「寿」と、二つの意味が込められています。

天台宗は「朝題目に夕念仏」の宗派であるため、法華経も阿弥陀様も大切にします。そのような比叡山の教えと祈りを「寿」の一文字に託したのでした。

「寿」の書を揮毫してくださったのは、比叡山延暦寺「大講堂」他、多くの書を揮毫され、「京都新聞」の題字などでも知られる巨匠・豊道春海師の血を引く、書家の印南華星師です。師は天台宗行元寺の住職で書家の印南慶俊（号・豊道溪峻）先生の次女として誕生され、現在は、書家、天台宗僧侶（法名・慶照）としてご活躍されています。

私は比叡山行院での修行時代に師とご縁をいただき、これまでも公私ともに大変お世話になってきました。そこで、道心寺の建立を決めたときも、山号額や「寿」は師に書いていただきたいと願っていたのです。師の書によってさらなる貫録をそなえた檜舞台は、大いに信者さんたちを笑わせました。

ここでは、毎月三日、十三日、二十三日に「縁日寄席」を開催することとなり、七月二十三日にはじまった第一回縁日寄席では、桂三幸師と、月亭天使師に出演してもらいました。なぜ記念すべき第一回のゲストがこのお二人だったのかというと……？　それは、漢字は違えど、お二人の名前を合わせると、まさに「サンコウテンシ（三光天子）」になるからです。

頭の中に思い描き、何度も何度もノートに書いたお寺が、本堂が、舞台が、笑い声が、目の前に現れます。平面図だった道心寺が立体となっていく瞬間は、お経から教えが飛び出す瞬間の喜びと似ていました。

女性総代の誕生

開山に伴い、道心寺には信徒総代さんも誕生しました。「お寺の総代さん」というと、多くの方が「高齢の男性」をイメージしますが、道心寺では三名の総代さんを、大学教授の四十代の女性、様々な分野で公職を務める六十代の女性、弁護士の五十代男性にお願いすることにしたのです。

私自身はもともと男女共同参画の活動をしてきたこともあり、お寺の総代についても年齢や性別にとらわれる必要はないと考えてきました。なかには、道心寺の総代が女性と聞くと、「女性の総代なんて聞いたことがないけど、大丈夫？」と、遠回しに「そういうことは男性がやるべきだ」と言う人もありましたが、大丈夫もなにも、道心寺が女性総代の走りになれば良いだけのことなので、私にとっては何の不安もありませんでした。

奇しくも令和三年は、東京オリンピックが開催され、開会までにジェンダーに関する様々な問題が露呈し、日本は世界中から男女格差やジェンダー平等に関する意識の遅れについて指摘された一年でした。しかし、「こういう時代だから女性を入れよう」と、意図的に女性を入れたわけでもなく、きちんとその役割をお任せ出来る方を選んだ結果、道心寺の場合は女性が二人、男性が一人となった、それだけのことなのです。

だからこそ、他者から総代が女性であることを驚かれるまで、わざわざ「女性の総代」と意識したことすらありませんでした。そして、まだまだ世間はそういう感覚なのかと勉強にもなったのです。

庵主ではなく、住職

「女性の総代」だけではありません。開山後、やはり世間では「女性の住職」についても様々な思い込みがあると感じてきました。なかでも、呼称についてです。これまでにも、「尼さんはお坊さんではないんですよね？」とか、「女性のお坊さんは男性のお坊さんよりは修行は簡単なんですよね？」など、世間には事実と異なる認識が大なり小なりありました。それでも、ほんの十年前までは「尼さん」といえば「壮絶な過去を持つ女性に違いない」という思い込みがあったものも、近年ではそのイメージが薄れてきたことを思えば、時代は少しずつ進んでいます。

そのような中で私が気になるのは「庵主（あんじゅ）さん」という言葉です。住職になってから「庵主さん」と呼ばれることが増えましたが、私は決して庵主さんではないのです。

というのも、「庵主」とは「庵の主」と書きますが、「庵」とは正式な寺院ではありません。昔々、まだまだ仏教界にも男尊女卑が根強かった時代、女性は住職になることが出来ませんでした。そこで、女性の僧侶たちは正式な寺院ではなく、修行や布教の道場として、檀家を持たない小さな「庵」を結び、その主となるしかなかったのです。

現代ではこのような歴史的背景を知る人は少なく、物知りの人ほど、「女性の住職のことは庵主さんと呼ぶのが礼儀だ」と信じて疑いません。だからこそ、私は女性住職＝庵主さんと思われるようになった背景、そして、自分自身も庵主ではないことをしっかりと世間へ伝えていかなければと思っています。○○院や○

○寺は寺院であるため、性別関係なく、住職は住職です。そして、○○庵の代表者は庵主であり、こちらも性別は関係ありません。これから女性の住職はどんどんと増え続け、そのうち「女性住職」という呼び方すらなくなるでしょう。そのためにも、当事者である私自身が発信しなければいけないことが沢山あります。

笑いあり、相乗効果あり

開山して五か月。早速、道心寺は毎日が盛り沢山です。

ある日、お寺に届いた手紙を読むと、綺麗な字で「このたびは山開き、誠におめでとうございます」と書かれていました。確かに「山を開く」と書いて「開山」なので間違いではないのですが、「山開き」というとなんだか「プール開き」のようで、なんともいえない可笑しみがありました。あたたかいお言葉とともに笑いもいただけるだなんて、あらためて、笑顔が集うお寺だと実感しました。

また、コロナ禍とはいえ「縁日寄席」も順調です。縁日寄席は天満天神繁昌亭や神戸新開地喜楽館などの寄席と開演時間がかぶらないよう十一時開演を基本としていますが、開演前の午前十時過ぎから、自由参加のお勤めと法話の時間を設けています。

ここには信者さんをはじめ、「天台宗のお経ってどんなんやろ?」という興味から来られる方など、様々な方がお越しになりますが、仏事と寄席を組み合わせることによって、落語にしか興味が無かった方が仏教に興味を持ったり、仏教にしか興味の無かった方が落語の楽しさに目覚めたり、想像以上の相乗効果を生んでいます。

妊娠三十三か月

道心寺建立の構想をはじめてから七年、そして、実際に建立に取り掛かり、開山の日まで要した月日は三十三か月。私にとっては、本当に長い長い「妊娠期間」でした。

この間、愕然として先が見えなくなった日もありましたし、何度も何度もくじけそうになりました。本当に大変な三十三か月でしたが、今、こうしてその疲労感を味わいながらも、「三十三」という数字を見ただけで「そうか！　観音様だから三十三なのか！」と明るい気持ちにさせてくださる仏様という方は、やはり、いつもいつも私を導いてくださる、凄いお方です。

これから先、私はまだまだ勉強しなければいけないことだらけですし、沢山の経験を積む必要があります。また、順調なことばかりではないでしょう。それこそ、寺院の建立も出産と育児のように、産んでからのほうがはるかに大変な日々だと思います。それでも私は、育児の中には沢山の喜びや思いがけない助けがあることを知っています。

お寺は、住職だけで育てていくものではありません。きっと、これから沢山の人とのご縁が、道心寺を「お寺」にしていくでしょう。

仏様からお預かりした道心寺で、一人でも多くの人の苦しみを抜きたい。

それが、仏様から生かされていることを知った私の住職としての「一隅を照らす」です。

著者略歴

露の団姫（つゆのまるこ）

1986年生まれ。落語家兼尼僧。兵庫県尼崎市在住。天台宗不軽山道心寺住職。

2005年、高校卒業を機に露の団四郎へ入門。大阪の繁昌亭はじめ寄席、テレビ、ラジオなどで活躍。2011年、第6回・繁昌亭輝き賞を最年少で受賞。同年、天台宗で出家。2017年、第54回なにわ藝術祭落語部門新人賞受賞。

著書に『プロの尼さん――落語家・まるこの仏道修行』（新潮新書）、『ぽくぽくぽく・ち～ん――仏の知恵の薬箱』（ぷねうま舎）、『露の団姫の仏教いろは寄席』（佼成出版社）、『法華経が好き！』『団姫流 お釈迦さま物語』『聖♡尼さん――「クリスチャン」と「僧職女子」が結婚したら』『女らしくなく、男らしくなく、自分らしく生きる』（いずれも春秋社）、共著に『不要不急』（新潮新書）などがある。

露の団姫公式ホームページ
https://www.tuyunomaruko.com/
道心寺公式ホームページ
https://doshinji.com/

お寺を建てる！　まるこの道心寺物語

2021年12月8日　第1刷発行

著　者――――露の団姫
発行者――――神田　明
発行所――――株式会社　春秋社
〒101-0021　東京都千代田区外神田2-18-6
電話　03-3255-9611（営業）
03-3255-9614（編集）
振替　00180-6-24861
https://www.shunjusha.co.jp/
写　真――――桂咲之輔
装　丁――――美柑和俊
印刷・製本――萩原印刷株式会社

ISBN 978-4-393-13647-8
定価はカバーに表示してあります

露の団姫の本

法華経が好き！

落語家兼尼さんで「何よりも法華経が好き！」という著者が、法華経の教えの要点と魅力を軽妙な語り口調でユーモアたっぷりに説いた、日本一わかりやすい「法華経の入門書」。

1650円

団姫流　お釈迦さま物語

落語家で尼僧の著者による「初心者向け」の仏伝。誕生から修行や悟り、涅槃まで、釈尊の生涯を読み解く80のキーワードを選び、ユーモアも交えつつ見開き完結型で明快に解説。

1650円

聖♡尼さん

「クリスチャン」と「僧職女子」が結婚したら。

尼さん妻とクリスチャン夫の、異宗教結婚生活！夫婦最大の壁は、宗教の違いではなく発達障害!?二人の乗り越え方とは？　宗教ギャグ満載、神様仏様も大爆笑の夫婦エッセイ！

1540円

女らしくなく、男らしくなく、自分らしく生きる

女だから、男だから、ではなく、本当に自分らしく生きる、そのためにできることとは？「仏教」や「落語」の世界で活躍する団姫さんが自らの生き方を込めつつ語る注目の書。

1760円

▼価格は税込（10％）